SYNERGISTISCHES MUSKEL TRAINING

EFFEKTIV TRAINIEREN

- geringer Zeitaufwand
- rasanter Muskelaufbau
- optimale Symmetrie

Die besten Bodybuilding-Übungen & synergistische Trainingsprogramme

NOVAGENICS

KLAUS ARNDT

Wichtiger Hinweis

Alle in diesem Buch veröffentlichten Ratschläge wurden von Verfasser und Verlag sorgfältig geprüft. Eine Garantie kann dennoch nicht übernommen werden. Ebenso ist eine Haftung des Verfassers bzw. des Verlages und seiner Beauftragten für Personen-, Sach- und Vermögensschäden ausgeschlossen.

Die Erkenntnisse der Sportwissenschaft und Medizin unterliegen einem laufenden Wandel durch Forschung und Erfahrung. Alle in diesem Buch getroffenen trainingsmethodischen Empfehlungen wurden vom Autor mit großer Sorgfalt erarbeitet und geprüft. Das entbindet den Leser dieses Werkes jedoch nicht von der Verpflichtung, präventive und therapeutische Entscheidungen in eigener Verantwortung zu treffen.

ISBN 10: 3-929002-31-0
ISBN 13: 978-3-929002-31-7

Klaus Arndt
Synergistisches Muskeltraining
6. Auflage Novagenics-Verlag 2011
(www.novagenics.com)

Inhalt

Verzeichnis der Tafeln & Abbildungen

1. Die Grundlagen

Mehr Training, bessere Resultate?
Muskeltraining ist doch nicht kompliziert? Wer Gewicht bewegt, baut Muskeln auf. Wer viel trainiert, baut mehr Muskeln auf. Wer jeden Körperteil erschöpfend trainiert, bekommt einen perfekten Körper. Nun, wenn es so einfach wäre, dann müßten einem in unseren Fitness-Studios die Augen übergehen vor lauter perfekten, symmetrisch gebauten Athleten. Sie und ich wissen nur zu gut, daß es nicht so ist. In den meisten Studios und Fitness-Anlagen muß man die wirklich guten Bodybuilder mit der Lupe suchen.

Die Mehrzahl der Mitglieder sind junge Leute, die sehr motiviert trainieren oder solche Menschen, die versuchen, ein Gewichtsproblem in den Griff zu bekommen. Die dritte große Gruppe bilden jene, die eher lustlos mit den Gewichten hantieren und zu glauben scheinen, allein die Atmosphäre im Fitness-Studio verhelfe schon zu einem perfekten Körper. Eines haben sie alle gemeinsam: Man sieht es ihnen oft nicht an, daß sie so viel Zeit im Fitness-Studio verbringen.

Dabei ist effektives Muskeltraining wirklich nicht kompliziert. Für einen perfekten Körper muß man weder endlose Trainingseinheiten absolvieren, noch jede exotische Übung in seinen Trainingsplan einbauen. Wer nur ein wenig Zeit investiert, gesunden Menschenverstand einsetzt und die Grundlagen des Muskelaufbaus verstanden hat, der erreicht sein Ziel sehr schnell: Einen starken, muskulösen und symmetrischen Körper.

Unzureichende Erholung durch zu viele Trainingseinheiten, zu viele Sätze und Wiederholungen pro Trainingseinheit, der Einsatz wenig effektiver Übungen, die falsche Reihenfolge der Übungen und ein falsch verstandenes Split-Training führen aber häufig dazu, daß so mancher Kraftsport-Enthusiast zwar viel Zeit im Studio verbringt, doch nur unbefriedigende Ergebnisse in Form von Muskeln vorweisen kann.

Dieses Buch erklärt, warum manche Übungen für den Muskelaufbau ungleich besser geeignet sind, als andere. Darüber hinaus zeigt es auf, wie man durch sinnvolle Übungskombinationen nicht nur schneller Muskelmasse aufbaut, sondern auch viel Trainingszeit spart. Als Basis des hier vorgestellten Prinzips eines synergistischen Muskeltrainings dienen nicht nur die Kenntnisse über die Funktionen der verschiedenen Muskeln des Körpers, sondern auch jene Grundsätze, die Kraftsport und Bodybuilding seit den Anfängen dominieren: Kurze, harte Trainingseinheiten, der vorwiegende Einsatz von schweren Grundübungen und sehr viel Erholung bringen den gewünschten Erfolg.

Warum Anfänger wenig falsch machen können, erfahrene Kraftsportler dagegen um so mehr
Beim Bodybuilding handelt es sich

nicht um einen rein mechanischen Vorgang, bei dem die Muskeln das Gewicht gegen einen Widerstand bewegen. Das Training beinhaltet auch einen wichtigen Lernprozeß: Der Körper vermag zu Anfang, wenn erstmals ein Krafttraining aufgenommen wird, nur wenige Muskelfasern zu aktivieren. Je öfter eine Bewegung durchgeführt wird, desto mehr Muskelfasern werden dafür eingesetzt, ganz einfach, weil im Gehirn und in den Extremitäten neue Nervenbahnen gebildet und vorhandene Nervenstränge neu verschaltet werden. Mit fortschreitender Trainingserfahrung bildet der Körper eben nicht nur mehr und stärkere Muskelfasern aus; er lernt auch, sie in immer größerem Umfang zu nutzen.

Wer mit dem Krafttraining beginnt, wird in der Regel rasch Muskeln und Kraft aufbauen, weil der Lernprozeß der Aktivierung von Muskelfasern anfangs recht schnell abläuft. Und weil ein Anfänger zunächst nur einen geringen Teil seiner Muskelfasern effektiv einsetzt, kann er so gut wie gar nicht übertrainieren. Die erwünschten Fortschritte stellen sich quasi wie von selbst ein. Doch bereits nach einem halben Jahr regelmäßigen Trainings kann er mit viel mehr Muskelfasern arbeiten. Das drückt sich dadurch aus, daß erheblich mehr Gewicht bewegt werden kann. Gleichzeitig erhöht sich der Bedarf an Erholung. Die logische Folge davon ist, daß das Training kürzer ausfallen und dem Körper mehr Zeit zur Erholung gegönnt werden muß. Daran denken die meisten Kraftsportler nicht, wenn sie, auf strenge Disziplin bedacht, kein Training ausfallen lassen und sich rigorosen Trainingsplänen unterwerfen. Dabei kann der Anfänger mit hohem Trainingsvolumen sehr gute Fortschritte machen, der erfahrene Kraftsportler arbeitet damit aber nur selten effektiv.

Zuviel Training ist kontraproduktiv

Ein Schlüsselfaktor für das Muskelwachstum ist der Trainingsreiz und die daraus folgende Überkompensation, also die Anpassung an die vorausgegangene Belastung durch Muskelwachstum. Der Trainingsreiz ist dann gegeben, wenn das Training so intensiv ausfällt, daß es die Muskeln zwingt, auf den Streß zu reagieren und zu wachsen; das ist der einfache Teil. Die Überkompensation steht aber in direkter Verbindung mit der Erholungskapazität des Körpers, das kompliziert die Sache.

Obwohl nicht alle Einzelheiten des Erholungsprozesses restlos geklärt sind, so weiß man doch, daß Zeit und Ruhe dabei wesentliche Faktoren darstellen. Man weiß auch, daß die Erholungskapazität sich nicht proportional zur Kraft entwickelt. Der Mann kann seine Kraft im Durchschnitt um etwa 300% steigern, bevor er sein Potential voll ausgeschöpft hat. Bei Frauen liegt dieser Wert bei etwa 200%. Die mögliche Steigerung der Erholungskapazität im Vergleich dazu ist aber unproportional klein. Das bedeutet: Je länger Sie trainieren und je stärker Sie werden, desto höhere Ansprüche stellen Sie an Ihre Erholungskapazität.

Um beide Faktoren auszubalancie-

Die Verteilung von Training und Erholung

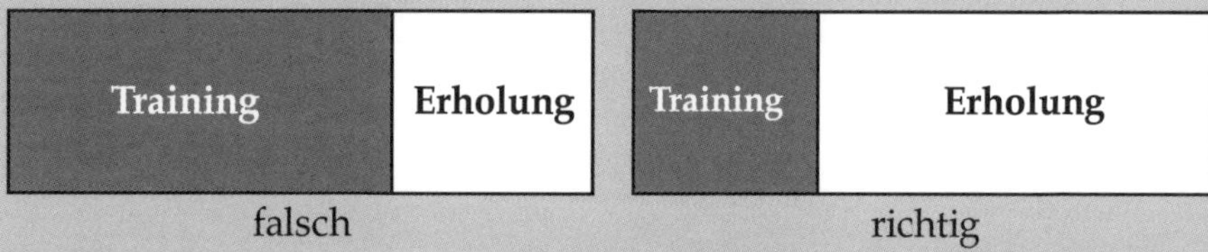

Die Verteilung zwischen Trainingszeit und Erholungszeit ist der Schlüssel zum schnellen Muskelaufbau. Wer viel und lange trainiert, kann nicht besonders effektiv trainieren. Nicht nur, daß dabei Trainingszeit »verschwendet« wird; auch für die Erholung steht meistens nicht mehr genug Zeit zu Verfügung. Die Muskeln werden andauernd überlastet und sie bekommen nicht genug Zeit für die Regeneration. Nur anders herum ergibt es einen Sinn: Kurze, harte und nicht zu häufige Trainingseinheiten fordern die Muskulatur optimal, lassen aber gleichzeitig ausreichend Zeit für die Anpassung an die Belastung und das gewünschte Muskelwachstum. Vergessen Sie nie: Muskeln wachsen in Ruhe, nicht beim Training!

ren, müssen Sie kürzer, aber intensiver trainieren, wenn Sie kontinuierlich Muskeln aufbauen wollen. Jedes Training ist zunächst ein negativer Faktor, weil es die Ressourcen belastet. Doch je weniger die Erholungskapazität ausgeschöpft wird, desto mehr Ressourcen stehen letztlich für das Muskelwachstum zur Verfügung. Die Schwierigkeit liegt darin, genau die richtige Balance zwischen Übertraining und Untertraining zu finden.

Beim Übertraining muß sich der Körper gegen den Streß zu häufiger, maximal erschöpfender Trainingseinheiten wehren, beim Untertraining ist der Trainingsreiz einfach zu gering, um den Körper aus seiner Lethargie zu reißen und zum Wachstum zu zwingen. Also: Ihr Training muß kurz sein; so kurz, daß man Übertraining so weit wie möglich ausschließen kann. Aber es muß gleichzeitig intensiv genug sein, um überhaupt Muskelwachstum auszulösen.

Übertraining, besonders »partielles Übertraining« (dazu später mehr), ist das größte Problem eines hochmotivierten Bodybuilders. Übertraining ist ein kataboler Zustand, bei dem Muskelmasse abgebaut wird. Egal, wie hart dann weiter trainiert wird, die Situation verschlimmert sich nur noch. Jede weitere Übung, jede weitere Wiederholung ist jetzt nur noch vergeudete Zeit. Das Ziel muß deshalb sein, Übertraining so zuverlässig wie möglich auszuschließen. Dahin gelangt man am besten, indem kurz und nicht zu häufig, aber sehr hart trainiert wird. Lassen Sie uns zunächst über »hartes« Training sprechen: Es zeichnet sich durch hohe Intensität und wachsende Belastung durch steigende Gewichte aus, bei gleichzeitig korrekter Ausführung der Übungen.

Intensives Training beansprucht mehr Muskelfasern

Muskeln bauen Sie am besten mit hochintensiven Übungen auf. Hochintensiv heißt, einen Satz bis zum Punkt des momentanen Muskelversagens auszuführen. Momentanes Muskelversagen ist dann gegeben, wenn es Ihnen nicht mehr möglich ist, eine weitere Wiederholung mit korrekter Technik abzuschließen. Jeder Muskel Ihres Körpers besteht aus Tausenden von Muskelfasern. Leichtes Training beansprucht nur wenige dieser Fasern. Hochintensives Training dagegen beansprucht eine maximale Anzahl von Muskelfasern und löst so ein stärkeres Wachstum aus.

Eine Vorraussetzung für diesen Wachstumsprozeß ist die Fähigkeit, die letztmögliche Wiederholung durchzustehen, jene Wiederholung, die am schmerzhaftesten ist. Erst wenn Sie gelernt haben, den Schmerz und das Brennen in den trainierten Muskeln auszuhalten, werden Sie maximale Ergebnisse erzielen. Da sich die Muskeln aber sehr schnell einer gleichbleibenden Belastung anpassen, müssen auch die Trainingsgewichte immer weiter gesteigert werden.

Kontinuierliche Überlastung

Kontinuierliche Überlastung bedeutet, die Arbeitslast von Trainingseinheit zu Trainingseinheit, also kontinuierlich, zu steigern. Eine Übung über längere Zeit mit immer gleichem Gewicht zu absolvieren, bringt einfach nicht viel. Versuchen Sie besser, die Übung immer härter zu gestalten. Sie können das erreichen, indem Sie mehr Gewicht auflegen, mehr Wiederholungen ausführen oder indem Sie jede einzelne Wiederholung langsamer ausführen.

Die optimale Wiederholungszahl für den Muskelaufbau im Bodybuilding liegt zwischen acht und zehn. Wenn Sie nur acht schaffen, ist das Gewicht zu schwer. Wenn Sie 12 oder mehr schaffen, muß das Gewicht bei der nächsten Trainingseinheit um fünf Prozent gesteigert werden.

Korrekte Ausführung der Übungen

Die Technik, also die Art und Weise, wie Sie Ihre Wiederholungen ausführen, ist für optimale Ergebnisse ungeheuer wichtig. Dabei spielen sowohl die Bewegungsgeschwindigkeit als auch der Bewegungsspielraum eine Rolle. Die Bewegungen sollten stets langsam und gleichmäßig ausgeführt werden. Langsame Bewegungen belasten Ihre Muskeln voll, ohne sie zu gefährden. Schnelle Bewegungen weisen dagegen Kraftspitzen zu Beginn und am Ende der Bewegung auf; das ist gleichermaßen gefährlich (Zerrungen oder andere Verletzungen werfen Sie in Ihrem Bemühen um mehr Muskelmasse weit zurück) und weniger effektiv.

Vergessen Sie auch nicht, den Bewegungsspielraum voll auszunutzen, sonst trainieren Sie den Muskel nicht über seine ganze Länge. Ein Kraft- und Massezuwachs stellt sich deutlich schneller ein, wenn die Muskeln in jeder Position des Bewegungsspielraums voll belastet werden. Arnold Schwarzenegger hat einmal gesagt: »Nur ein vollständig gedehnter Muskel kann maximal kontrahieren.« Das bedeutet: Eine Wiederholung, egal bei welcher Übung, beginnt immer mit der bestmöglichen Dehnung des Zielmuskels und endet mit seiner vollständigen Anspannung.

Sie müssen also sehr hart arbeiten, um effektiv Muskeln aufzubauen, dafür müssen Sie aber nicht so lange trainieren.

Kürzere Trainingseinheiten bringen mehr

Wenn Sie Ihre Übungen mit korrekter Technik und hoher Intensität ausführen, müssen die Trainingseinheiten kurz sein. Der Ausspruch »You can't sprint a mile« bringt es auf den Punkt: Niemand kann über eine Meile (1600 Meter) so viel Kraft entfalten und so schnell laufen, wie er das auf 100 Metern könnte. Auch beim Muskelaufbau schließen höchste Intensität, schwere Gewichte und volle Konzentration auf die Sache aus, daß sehr lange trainiert werden kann. Das widerspräche auch dem Konzept des synergistischen Trainings, das auf höchste Effektivität angelegt ist.

Jeder Kraftsportler kennt die Erschöpfung nach etwa einer Stunde harten Trainings; viele zwingen sich trotzdem, ihr Trainingsprogramm weiter durchzuziehen. Das ist nicht nur unnötig, sondern kontraproduktiv. Nicht die Anzahl der Übungen und Sätze entscheidet über den Trainingserfolg, sondern die Intensität, mit der trainiert wird. Da man aber nicht lange hochintensiv trainieren kann, darf das Training ruhig kurz ausfallen. Stellen Sie sich also darauf ein, beim synergistischen Training nicht mehr als 14 bis 17 Sätze pro Trainingseinheit auszuführen, das Bauchtraining eingeschlossen.

Zudem darf nicht so häufig trainiert werden. Der Körper braucht 48 bis 72 Stunden, also 2 bis 3 Tage, um sich von einer anstrengenden Trainingseinheit zu erholen. Nur so kann er über das übliche Maß hinaus kompensieren und wachsen. Bekommt er nicht diese absolut notwendige Zeit zur Erholung, stellt sich sehr schnell Übertraining ein; übertrainierte Muskeln wachsen aber nicht mehr! Trainieren Sie daher jeden zweiten Tag, oder dreimal in der Woche, um optimale Resultate zu erzielen. Begehen Sie nicht den Fehler, zu glauben, »mehr ist besser« gelte auch für das Training. Damit liegen Sie absolut falsch. »Besser« sind härtere, intensivere Trainingseinheiten und je härter sie sind, desto kürzer müssen sie sein.

Wer nur kurz und nicht so häufig trainiert, der hat auch die Kraft für solche Übungen, die wirklich schnellen Muskelzuwachs bringen. So wird keine wertvolle Trainingszeit mit wenig effektiven Übungen verschwendet und der Körper nicht mit einer Vielzahl von Sätzen überlastet.

Maximale Muskelentwicklung mit den richtigen Übungen

Auch wenn es zunächst wenig einleuchtend klingt: Wenn Sie wollen, daß Ihre Oberarmmuskeln wachsen, müssen Sie auch die Beine trainieren. Intensives Beintraining löst ein Muskelwachstum am ganzen Körper aus. Sie erreichen daher die beste Massezunahme am gesamten Körper – Brust, Rücken und Arme eingeschlossen, wenn Sie Kniebeugen nicht außen vor lassen.

Zugegeben, Beintraining ist bei den meisten Bodybuildern nicht sehr beliebt, ganz einfach, weil es sehr anstrengend ist. Das gleiche gilt für Kreuzheben, nach der Kniebeuge die am häufigsten unterschätzte Übung. Doch ebenso wie diese fordert das Kreuzheben beinahe alle Muskeln des Körpers. Wenn Sie beide Übungen noch nie trainiert haben, dann fangen Sie am besten gleich damit an. Beginnen Sie ruhig mit wenig Gewicht, lernen Sie die richtige Technik und steigern Sie sich langsam. Doch verschenken Sie nicht das ungeheure Potential für die Muskelentwicklung am ganzen Körper, indem Sie diese beiden Grundübungen auslassen.

Gerade weil bei Kniebeugen und Kreuzheben so viele Muskelgruppen beteiligt sind, kann dabei schweres Gewicht eingesetzt werden. Und das ist der Schlüssel zum Muskelwachstum. Je mehr Gewicht Sie bewegen, desto schneller wachsen Ihre Muskeln, und zwar alle Muskeln des Körpers, egal ob Sie direkt an der Bewegung beteiligt sind, oder nicht. Einer der wichtigsten Ratschläge, die man einem Bodybuilder geben kann, ist dieser: Ziehen Sie schwere Grundübungen den Isolationsübungen vor (jenen Übungen, bei denen der Zielmuskel weitgehend allein arbeitet). Daraus folgt: Kniebeugen sind die beste Übung für die Muskelentwicklung, Kreuzheben die zweitbeste; es folgen Bankdrücken, Klimmzüge, schweres Drücken über Kopf (Military Press) usw.

Sie dürfen sich die durch solche Übungen erzielten Ergebnisse nicht als diffuses Massewachstum vorstellen: Sie trainieren damit auch die auf den ersten Blick nur unterstützend beteiligten Muskeln sehr viel effektiver, als es mit Isolationsübungen möglich wäre, ganz einfach, weil mehr Gewicht im Spiel ist. So ist z.B. Bankdrücken nicht nur die effektivste Übung für die Brustmuskulatur, sondern auch die beste Übung für die vorderen Schultern und die Trizepsentwicklung. Kreuzheben ist nicht nur die effektivste Übung zur Entwicklung der Rückenmuskulatur, sondern auch die beste Übung für den Beinbizeps. Und alle vorgebeugten Ruderübungen, die mit schwerem Gewicht ausgeführt werden, trainieren die Bizepse und die hinteren Schultern unglaublich effektiv, viel besser, als es mit Isolationsübungen wie Curls, bzw. vorgebeugtem Seitheben jemals möglich wäre.

Das ist keine neue Entdeckung. Die großen Champions des Kraftsports haben ihre beeindruckende Muskulatur nicht mit Fliegenden Bewegungen für die Brust, Trizeps-Kickbacks oder Konzentrationscurls aufgebaut. Das Geheimnis ihres Erfolges und ihres perfekten Körpers sind schwere Grundübungen, das ist bereits seit den Anfängen des Kraftsports so. Weil aber viele heutige Bodybuilder diesen Umstand nicht bedenken, behindern sie ihren Muskelaufbau auch auf andere Weise.

Falsche Reihenfolge der Übungen, falsches Split-Training

Das Problem könnte man »partielles Übertraining« nennen. Im Gegensatz zum generellen Übertraining, bei dem die Erholungskapazität des ganzen Körpers erschöpft ist (dazu mehr im 3. Kapitel), können auch einzelne Muskelgruppen übertrainiert werden. Übertraining bedeutet, daß kein Muskelwachstum mehr möglich ist, egal wie hart man weiter trainiert. Das erklärt, warum mancher Bodybuilder trotz härtesten Trainings bestimmte Körperpartien nicht richtig entwickelt.

Wenn sich die vorderen Köpfe der Schultermuskeln durch Bankdrücken am besten trainieren lassen, so bedeutet das auch, daß sie dabei stark belastet werden und sich erholen müssen. Die seitlichen Köpfe der Schultermuskeln arbeiten beim Bankdrücken ebenfalls mit, wenn auch nicht ganz so hart, wie die vorderen. Wenn dann am nächsten Tag ein »normales« Schulterprogramm folgt, z.B. das klassische Frontheben für den vorderen Kopf, Seitheben für den seitlichen und vorgebeugtes Seitheben für den hinteren, in der Regel auch noch mit jeweils 3-4 Sätzen, dann können Sie sich leicht ausrechnen, daß eine so kleine Muskelgruppe wie die Schultern schnell übertrainiert wird. Ähnliches gilt für die Bizepse. Ein hartes Rückentraining mit Klimmzügen, bzw. Latziehen und Ruderübungen fordert den Bizepsen alles ab. Wer jetzt am nächsten Tag die Bizepse mit Lang- und Kurzhantelcurls traktiert, der darf sich nicht wundern, wenn sie nicht wachsen wollen.

Aus diesem Grund erzielen die meisten Bodybuilder mit herkömmlichen Splitprogrammen nicht die Fortschritte, die sie sich erhoffen. Es macht einfach keinen Sinn, den Rücken pro Woche zweimal mit 12 Sätzen zu trainieren und die Bizepse ebenfalls zweimal pro Woche mit 12 Sätzen. In der Summe ergibt das nämlich 24 Sätze pro Woche für den Rücken als größte Muskelgruppe des Körpers, und 48 (!) Sätze für die Bizepse, eine der kleinsten Muskelgruppen. All die Mühe im Studio war vergebens; ein derart übertrainierter Bizeps wird niemals wachsen, das ist sicher.

Im Laufe der Zeit weitet sich das Problem noch aus. Die großen Muskelgruppen wie Brust, Rücken und Beine sind ausreichend trainiert und wachsen kräftig. Die kleinen Muskelgruppen wie Bizepse, Trizepse und Schultern dagegen sind andauernd übertrainiert und wachsen nicht mit. Einen symmetrischen Körperbau wird man so niemals erreichen, von der verschwendeten Zeit gar nicht zu reden. Dabei ist die Lösung des Problems ganz einfach, wenn man etwas weiter in die Geschichte des Kraftsports zurückschaut.

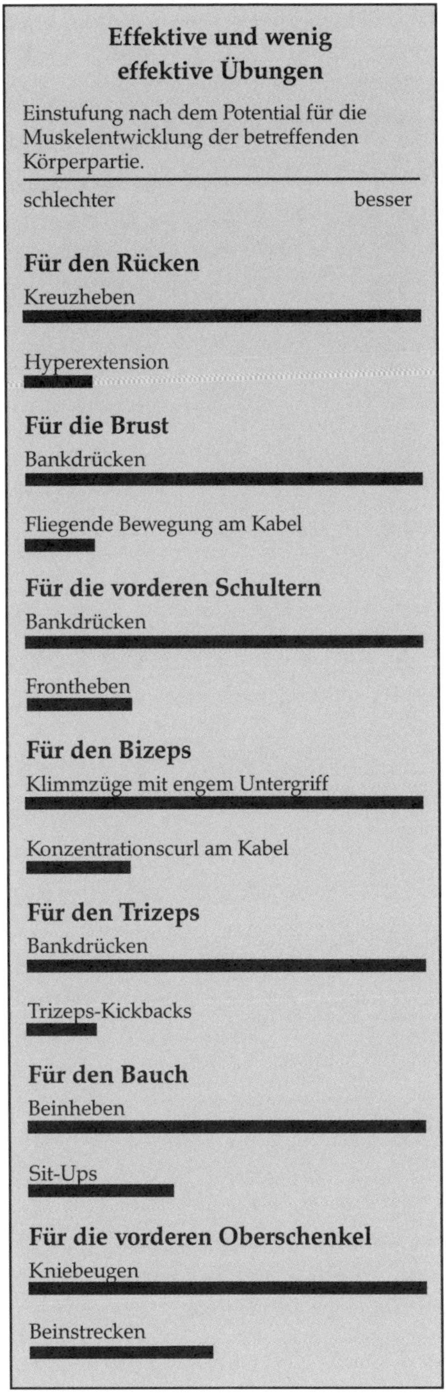

Die Grundregeln gelten immer noch

Die großen Champions der 50er und 60er Jahre wiesen bereits eine sehr gute Muskelentwicklung auf. Die Symmetrie eines Steve Reeves ist bis heute unerreicht, Reg Park gilt als einer der massivsten Athleten in der Geschichte des Kraftsports und Larry Scotts Bizepsentwicklung ist auch im Vergleich zu heutigen Bodybuildern noch legendär. Im Unterschied zu modernen Bodybuildern haben diese großartigen Kraftsportler aber viel weniger Übungen trainiert und sie haben im Ganzen erheblich weniger trainiert. In den 50ern galt ein dreimaliges Ganzkörpertraining pro Woche mit schweren Grundübungen als optimal für eine schnelle Muskelentwicklung; bis in die späten 60er Jahre waren komplizierte Splitroutinen unbekannt.

Ich wage zu behaupten, daß erst der massive Einsatz anaboler Steroide seit den frühen 70er Jahren und später die Einführung von Wachstumshormon und IGF-1 in der Kraftsportszene diese fatale Entwicklung ausgelöst haben. Wenn der Körper durch hohe Dosen anaboler Medikamente kaum noch Erholung benötigt, ist es natürlich möglich, sechsmal pro Woche, zweimal am Tag zu trainieren und immer noch zuzulegen. Ein normaler Kraftsportler oder Bodybuilder, der ohne massive pharmakologische Unterstützung die Trainingspläne heutiger Champions übernimmt, ist dagegen zum Scheitern verurteilt.

Dabei braucht es gar keine Anabolika, um eine maximale Muskelentwicklung zu erreichen. Die korrekte Auswahl an Übungen, ein sinnvoller Trainingsplan und der Einsatz moderner Sporternährung mit ihrer Vielzahl an effektiven, aber legalen und gesunden Supplements ermöglichen dramatische Fortschritte beim Muskelaufbau. Und dafür muß noch nicht einmal viel Zeit aufgewendet werden. Wer drei bis viermal pro Woche eine knappe Stunde für das Training erübrigen kann, der darf einen rasanten Muskelzuwachs in kürzester Zeit erwarten. Wer nur zweimal pro Woche Zeit für eine Stunde Training findet, bei dem geht es zwar nicht ganz so schnell, aber auch ein derart kurzes Training bringt einen deutlichen Zuwachs.

Das Konzept des synergistischen Trainings beruht auf den grundlegenden Erkenntnissen der großen alten Männer des Kraftsports. Gleichzeitig wird die – bei allen Menschen gleiche – Funktion der verschiedenen Muskeln des Körpers berücksichtigt. Daraus ergibt sich ein Trainingskonzept, das auf schwere Grundübungen setzt, die richtige Kombination der Übungen und auf sehr viel Erholung, damit die Muskeln auch wachsen können. Für Sie bedeutet das: Kurze, harte Trainingseinheiten wenige Male pro Woche und damit ein optimaler, weil kurzer Zeiteinsatz für einen raschen Muskelaufbau.

Synergistisches Training

Der Begriff »synergistisch« geht auf das griechischen Wort »synergia« zurück, was »Mitarbeit« bedeutet. Synergistisches Training heißt, möglichst viele Muskeln an einer Übung zu beteiligen und darüber hinaus die durch vorherige Mitarbeit bereits erschöpften Muskeln mit wenigen weiteren Sätzen optimal zu trainieren.

Ein synergistisches Training kommt der Natur des Menschen, d.h. seiner Anatomie, viel näher, als es das umfangreichste Split-Training mit vielen Isolationsübungen jemals könnte. Einfach deshalb, weil der menschliche Körper so angelegt ist, möglichst effektiv Kraft zu entfalten. Jede Bewegung, die Sie ausführen, egal ob Sie einen Bleistift greifen oder eine schwere Kiste heben, bezieht immer mehrere Muskeln mit ein, nicht nur einen. Nur so kann Kraft am effektivsten ausgeübt werden. Dabei entfaltet ein Muskel den Großteil der Kraft, ein oder mehrere andere Muskeln unterstützen ihn dabei und weitere Muskeln stabilisieren die Bewegung.

Wenn aber an einer Bewegung immer mehrere Muskeln beteiligt sind, warum wird diesem Umstand beim Training nicht Rechnung getragen? Beim Bankdrücken wird eben nicht nur die Brustmuskulatur trainiert. Als Synergisten unterstützen die vorderen Schultern, sowie die Trizepse und die Unterarme stabilisieren die Bewegung. Somit ist auch für diese Muskeln ein direkter Trainingseffekt vorhanden. Und da der Trainingseffekt, also die Wirkung auf das Muskelwachstum, vom bewegten Gewicht abhängt, ist Bankdrücken nicht nur die beste Übung für die Entwicklung der Brustmuskulatur, sondern auch die effektivste Übung für die vorderen Schultern und die Trizepse. Schließlich können

Sie beim Bankdrücken viel mehr Gewicht bewältigen, als beim Nackendrücken oder beim Stirndrücken. Nicht nur, daß Sie so mit einer Übung drei Muskelgruppen gleichzeitig trainieren; es geschieht auch effektiver, als es mit einer einzelnen Übung für jede dieser Muskelgruppen möglich wäre.

Im nächsten Kapitel werden die besten Bodybuilding-Übungen vorgestellt, die jeweils möglichst viele Muskeln einbeziehen. Dabei werden immer die effektivsten Übungen für eine Körperpartie zuerst aufgeführt, die am wenigsten effektiven zuletzt. Danach folgen hocheffektive Trainingspläne, die auf den zuvor dargelegten Prinzipien beruhen. Dabei steht die sinnvolle Kombination der Übungen im Vordergrund: So braucht z.B. ein durch vorausgegangenes Brusttraining vorerschöpfter Trizeps nur noch wenige Sätze spezieller Trizepsübungen, um gleichfalls maximal trainiert zu werden. Ebenso kann das Rückentraining für eine optimale Bizepsentwicklung eingesetzt werden, oder bestimmte Rückenübungen für die gleichzeitige Entwicklung der Schultermuskulatur. Dies ist das Besondere am synergistischen Training:

- so viele Muskeln wie möglich werden mit wenigen Übungen trainiert, deshalb
- optimaler Trainingsreiz trotz weniger Sätze, dadurch
- weniger Zeitaufwand für das Training, dafür mehr Zeit für die Erholung, dadurch
- weitgehender Ausschluß von Übertraining, dadurch
- schneller Muskelaufbau.

Die Trainingseinheiten sind jeweils sehr kurz gehalten, je nach Trainingsstand sollten sie etwa 40 Minuten bis eine Stunde in Anspruch nehmen. Da Sie nur sehr kurz trainieren, können Sie den Übungen Ihre volle Aufmerksamkeit widmen. Opfern Sie nicht die korrekte Ausführung einer Übung für mehr Gewicht. Bemühen Sie sich vielmehr, alle Übungen so sauber wie möglich, über den vollen Bewegungspielraum auszuführen. Trainieren Sie kurz, hart und intensiv. Das ist der aktive Teil, den Sie zum Muskelwachstum beisteuern müssen. Der andere ist sehr viel angenehmer: Weitestgehende Erholung, ausreichend Schlaf und eine ausgewogene Ernährung sorgen dafür, daß Ihr Körper sich der Belastung anpassen kann. Vergessen Sie eines nie: Muskeln wachsen nicht beim Training, sondern in der Erholungsphase danach!

Als erfahrener Kraftsportler werden Sie sich jetzt vielleicht noch fragen: Werden wirklich alle Muskeln optimal trainiert? Und wird meine Definition nicht leiden, wenn das Training so kurz ausfällt?

Sie können ganz beruhigt sein. Die Grundübungen sorgen für eine rasche Entwicklung aller Muskeln des Körpers, die ergänzend trainierten Isolationsübungen wechseln dagegen oft, so daß jede Muskelgruppe aus vielen verschiedenen Winkeln trainiert wird. Somit ergibt sich bereits eine optimale und gleichmäßige Entwicklung. Zudem werden auch individuelle Probleme bei der Muskelentwicklung berücksichtigt. Beinahe jeder Bodybuilder hat ein oder zwei problematische Muskelgruppen; dem einen wachsen vielleicht die Arme nicht schnell genug, bei dem anderen hinkt möglicherweise die Entwicklung der Schultern hinterher.

In den meisten Fällen lösen sich diese Probleme von selbst, sobald auf ein synergistisches Training mit weniger Sätzen und mehr Erholungszeit umgestellt wird. Meist handelt es sich eben nicht um einen »genetisch« bedingten Nachteil bei der Muskelentwicklung, sondern einfach um partielles Übertraining, das bestimmte Muskelgruppen am Wachstum hindert. Wem die Problemgruppen immer noch nicht schnell genug reagieren, der findet im vorliegenden Buch auch Trainingspläne, die die häufigsten Problemmuskeln schneller entwickeln: Bizeps, Trizeps und Schultern.

Falls Sie sich um Definition und Körperfettanteil sorgen, auch dafür gibt es eine einfache Lösung. Aber die lautet nicht »mehr Muskeltraining«. Wir haben bereits festgestellt, daß weniger, aber härteres Training bessere Erfolge beim Muskelaufbau bringt. Selbst wenn Sie gern mit Hanteln arbeiten, warum wollen Sie Ihren Muskelaufbau gefährden, indem Sie mehr trainieren als nötig, nur um den Körperfettanteil gering zu halten? Ein leichtes aerobes Training ist dafür viel besser geeignet, zudem beansprucht es Ihre Erholung vom Muskeltraining kaum. Begeben Sie sich zwei bis dreimal pro Woche auf das Fahrradergometer oder betreiben Sie etwas schnelles Gehen (»Powerwalking«) und der Körperfettanteil sollte schon bald kein Problem mehr darstellen. Wer noch schneller Erfolge in Form deutlich hervortretender Bauchmuskeln sehen möchte, der kann auch seine Ernährung überprüfen und eventuell eine Diät beginnen.

Bevor nun auf die Übungen näher eingegangen wird, noch ein Hinweis zum Aufwärmen vor dem Training. Es war schon immer eine gute Idee, sich vor einer Trainingseinheit aufzuwärmen und so Verletzungen vorzubeugen. Fast jede gymnastische Übung eignet sich für ein allgemeines Aufwärmen; am besten aber vielleicht Nackenrollen zur Dehnung der Halsmuskulatur, Armkreisen zur Durchblutung der Schultergelenke, Rumpfdrehen und Seitbeugen für die Muskeln an Bauch und Rücken, sowie Kniebeugen ohne Gewicht, um den Kreislauf anzuregen. Eine Minute von jeder dieser Übungen sollten ausreichen, um den Körper auf das bevorstehende Training einzustimmen.

Fitnessgeräte wie Fahrradergometer, Stepper oder Rudermaschinen sollten zum Aufwärmen vor dem Muskeltraining allerdings nicht eingesetzt werden. Sie rauben Ihnen einen Teil der Kraft, die Sie an den Gewichten effektiver einsetzen.

Ein spezifisches Aufwärmen für die einzelnen Körperteile erfolgt während des ersten Satzes einer Übung, der deshalb nie mit hohem Gewicht ausgeführt werden sollte. Wählen Sie ein Gewicht, mit dem Sie 12 bis 15 Wiederholungen schaffen. Trotz der leichten Anstrengung sollten Sie sich bereits auf die präzise Ausführung der Übung vorbereiten. Nutzen Sie den vollen Bewegungsspielraum und stellen Sie sich dabei vor, sie würden mit schwerem Gewicht trainieren. So stellen Sie sich schnell auf eine Übung ein und der Aufwärmsatz bereitet nicht nur die Muskeln auf die kommende Anstrengung vor, sondern fördert auch die Konzentration auf die Sache.

*

2. Die Übungen

Neue Perspektiven
Auch wer meint, schon alle Übungen zu kennen, sollte diesen Teil nicht übergehen. Im Gegensatz zu vielen anderen Büchern zum Thema Muskeltraining werden nicht nur die wichtigsten Übungen für jede Körperpartie aufgeführt, es wird vielmehr ihre Eignung für den Muskelaufbau untersucht. Sie werden feststellen, daß eine vermeintliche Rückenübung die Bizepse besser trainiert, als herkömmliche Curlbewegungen. Und so manche Übung, die Sie bislang für sehr wichtig gehalten haben, wird sich als ziemlich ineffektiv entpuppen; so z.B. vorgebeugtes Seitheben für die hinteren Schultern.

Die Übungen für jede Muskelgruppe sind jeweils nach ihrer Effektivität numeriert (1., 2., 3. usw.) und gruppiert (2a, 2b., 2c. usw.). Die beste Übung trägt also die Nummer »1«, die zweitbeste die Nummer »2«; innerhalb der 2er-Gruppe wäre »2a« effektiver als »2b«. Anders ausgedrückt: Die besten Übungen stehen oben; jene Übungen, die am wenigsten bringen, weiter unten in der Liste. Für die Brust z.B. ist Bankdrücken mit der Nummer 1a die Übung, die das Meiste bringt, Fliegende Bewegungen am Kabel auf der Bank mit der Nummer 2e dagegen tragen zur Entwicklung der Brustmuskulatur am wenigsten bei. Entsprechend sollten Sie für Ihr Training jene Übungen bevorzugt auswählen, die oben auf der Liste stehen, wenn Sie ihre Trainingszeit so gut wie möglich nutzen möchten. Bei den im Anschluß an den Übungsteil folgenden Trainingsplänen wurde dem Rechnung getragen.

Sie werden bestimmt einige Übungen vermissen; so wurde z.B. auf die Vorstellung von Sit-Ups für die Bauchmuskeln bewußt verzichtet. Auch wenn Sit-Ups in vielen Fitness-Studios immer noch als Standardübung zur Entwicklung einer schlanken Taille und definierten Bauchmuskeln gelten, lassen Sie sich überzeugen, das es nicht so ist: Die Funktion der Bauchmuskeln besteht nämlich darin, den Oberkörper in Richtung des Beckens zu ziehen, bzw. umgekehrt, das Becken in Richtung der Brust. Dieser Funktion wird man nicht gerecht, wenn die Füße unter Polster gestellt werden und damit der gesamte Beckenbereich fixiert, egal wie steil das Bauchbrett steht oder wie oft der Oberkörper angehoben wird. Denn dabei arbeiten die Bauchmuskeln höchstens unterstützend, die Hauptlast liegt auf den (unsichtbaren) Hüftgelenksflexoren. Niemand behauptet, daß sich mit Sit-Ups die Bauchmuskeln nicht trainieren lassen, aber mit Übungen wie Beinheben oder Bauchpressen (engl. Crunch) geschieht das sehr viel effektiver.

Der eine oder andere wird vielleicht Übungen für die Unterarme vermissen. Und obwohl im Abschnitt über das Beintraining auch Übungen für die Waden behandelt werden, so finden diese später nicht in jedem Trainingsplan

Anwendung. Das macht durchaus Sinn: Die Unterarme werden bei fast allen Übungen ausreichend beansprucht. Vor allem, wenn mit hohem Gewicht trainiert wird, müssen die Unterarme entweder stabilisierend eingreifen (bei allen Drückübungen), oder sind zumindest unterstützend an der Bewegung beteiligt (bei allen Zugübungen). Ein gesondertes Training für die Unterarme ist deshalb nicht notwendig. Ähnliches gilt für die Waden: Auch Sie werden bei Kniebeugen und Kreuzheben schon stark beansprucht. Wer beide Übungen mit hohem Gewicht trainiert, braucht sich um seine Wadenentwicklung nicht zu sorgen.

Die Übungen für die verschiedenen Muskelgruppen des Körper werden in dieser Reihenfolge erklärt:

- Rücken
- Brust
- Schultern
- Bizeps
- Trizeps
- Bauch
- Beine

*

Die Muskeln des Rückens

Oberer Rücken

- **Teres minor**
- **Infraspinatus**
- **Teres major** (alle 3 Muskeln ziehen den Arm in Richtung Schulterblatt)
- **Trapezius**
- **Rhomboideus** (beide Muskeln ziehen das Schulterblatt zurück, hin zur Wirbelsäule)

Mittlerer Rücken

- **Latissimus dorsi** (zieht den Arm nach hinten und zur Wirbelsäule hin)

Unterer Rücken

- **Erektor spinae** (die Rückenstrecker stützen die Wirbelsäule links und rechts, ziehen den Oberkörper nach hinten)

Übungen für den Rücken

Übungen, Auflistung nach Effektivität für die Muskelentwicklung des Rükkens:

1. Kreuzheben
2a. Klimmzug mit Parallelgriff
2b. Klimmzug mit schulterweitem Untergriff
2c. Klimmzug mit engem Untergriff
2d. Klimmzug zur Brust
2e. Klimmzug zum Nacken
3a. Rudern vorgebeugt
3b. Rudern mit der Kurzhantel
3c. Rudern am Kabel
4a. Latziehen mit Parallelgriff
4b. Latziehen zur Brust

4c. Latziehen zum Nacken
5a. Hyperextension
5b. Hyperextension mit Drehung

Die Muskeln des Rückens bilden die größte zusammenhängende Muskelgruppe des Körpers. Entsprechend viele Übungen können für ihr Training eingesetzt werden. Das größte Potential für die Muskelentwicklung bergen allerdings die schweren Zugübungen, wobei im Hinblick auf die Effektivität hier das Training mit der Langhantel dem Klimmzug gleichgesetzt werden kann. Ebenso wie die Kniebeuge wird auch der Klimmzug von vielen Kraftsportlern vernachlässigt. Dabei muß man sich vor Augen halten, daß gerade diese Übung mit ihren vielfältigen Variationen als eine der besten für alle Muskeln des Rückens gelten kann. Der Klimmzug trainiert nicht nur den großen Latissimus, sondern auch den Trapezmuskel, den Sägemuskel an der Vorderseite des Latissimus und nicht zuletzt den Bizeps und die Muskeln der seitlichen und hinteren Schulterregion.

Im Hinblick auf die größtmögliche Muskelentwicklung im Rückenbereich und das beste Potential für die Entwicklung des ganzen Körpers muß aber dem Kreuzheben der erste Platz in der Liste der effektivsten Übungen eingeräumt werden. Hier helfen die kräftigen Muskeln des Gesäßes und der Beine, das höchste Gewicht von allen Rückenübungen zu bewältigen. Bodybuilder, die auf Kreuzheben verzichten, vergessen offensichtlich, daß alle großen Kraftsportstars ihre Rückenentwicklung schwerem Kreuzheben zu verdanken haben. Arnold Schwarzenegger und Franco Columbo z.B. waren eifrige Befürworter dieser Übung; beide haben auch in späteren Jahren die Bedeutung des Kreuzhebens immer wieder betont.

1. Kreuzheben

Diese Übung belastet den gesamten Rücken, die Beinbizepse, die Waden und das Gesäß wirklich hart; Arme, Schultern und viele andere Muskeln arbeiten unterstützend und stabilisierend mit.

Nehmen Sie einen schulterweiten Stand vor der auf dem Boden liegenden Langhantel ein. Ihre Schienbeine sollten die Stange berühren. Winkeln Sie die Knie an, beugen Sie den Oberkörper in der Hüfte vor und umfassen Sie die Stange mit schulterweitem Kreuzgriff, d.h. mit einer Hand im Ober- und der anderen im Untergriff; so haben Sie die Hantel bei schweren Gewichten besser unter Kontrolle. In der Ausgangsposition beugen Sie die Knie und wölben den Rücken zum Hohlkreuz. Legen Sie den Kopf in den Nacken (Blickrichtung nach oben) und strecken Sie die Arme durch. Atmen Sie tief ein, halten Sie den Atem an, und heben Sie das Gewicht zunächst unter Einsatz der Beinmuskulatur an.

Wenn sich die Hantel etwa auf Höhe der Knie befindet, setzen Sie den Rücken ein; zu diesem Zeitpunkt sollten Sie auch mit der Ausatmung beginnen. Richten Sie sich auf, bis Sie gerade stehen, strecken Sie die Brust heraus und ziehen Sie die Schultern

Voller Einsatz der gesamten Rückenmuskulatur, vor allem des Latissimus, der Rückenstrecker, sowie des Gesäßes und der Beinbizepse. Unterstützend arbeiten die Bizepse, die vorderen Schultern und die Waden mit.

zurück. Lassen Sie Ihre Arme die ganze Bewegung hindurch gestreckt, den Rücken möglichst gerade und führen Sie die Hantel eng an den Beinen entlang. Beim Ablassen des Gewichts winkeln Sie die Knie an, beugen den Oberkörper in der Hüfte vor und lassen das Gewicht eng an den Beinen herunter. Die Hantel sollte den Boden kurz berühren, aber nicht ablegt werden, bevor Sie mit der nächsten Wiederholung beginnen.

In der oberen Position der Bewegung wird der Kopf in den Nacken gelegt und die Schultern werden weit zurückgenommen, so daß die gesamte Rückenmuskulatur angespannt wird. Gut trainierte Kraftdreikämpfer können Einzelwiederholungen im Kreuzheben mit bis zu 400 kg durchführen; hier wird deutlich, welches Potential für die Muskelentwicklung in dieser oft vernachlässigten Übung steckt.

Wenn die Langhantel mit kleinen Hantelscheiben bestückt wird (z.B. mehreren Zehn-Kilo Scheiben auf jeder Seite), kann Kreuzheben ohne weiteres auf dem Boden ausgeführt werden. Falls größere Gewichtsscheiben benötigt werden, empfiehlt es sich, auf einem Wadenblock, bzw. auf ein oder zwei großen Hantelscheiben zu stehen. Bei erhöhtem Stand können Sie die Hantel weiter ablassen und den Rükken besser dehnen.

Die Verwendung von Zughilfen ermöglicht Ihnen den Einsatz schwerer Gewichte. Zur stärkeren Belastung der Beinbizepse können Sie Kreuzheben auch mit fast gestreckten Beinen aus-

 2a. Klimmzug mit Parallelgriff

Voller Einsatz des Latissimus, vor allem der äußeren Partien, sowie der anderen Muskeln des oberen Rückens. Unterstützend arbeiten Bizepse und hintere Schultern mit.

führen; dafür muß in der Regel das Gewicht etwas reduziert werden. Die Beine dürfen aber nie voll durchgestreckt werden; das Verletzungsrisiko ist einfach zu groß.

2a. Klimmzug mit Parallelgriff

Der Latissimus dorsi ist der breiteste und stärkste Muskel des Oberkörpers. Ein gut entwickelter »Lat« sorgt für eindrucksvolle Weite und Masse am oberen Rücken. Vielen Bodybuildern gelingt es nicht, das Potential dieses mächtigen Muskels auszuschöpfen, da sie mit falschem Handabstand und Griff trainieren.

Für das Lat-Training wird häufig ein weiter Griff eingesetzt. Der große Handabstand soll mehr Dehnung und einen größeren Bewegungsspielraum für die Muskeln ermöglichen. Tatsächlich erzeugt ein weiter Griff aber weniger Dehnung für den Lat, als ein enger Griff ermöglichen würde. Außerdem verhindert der weite Griff den größtmöglichen Bewegungsspielraum; er läßt dem Oberarm im Schulterbereich weniger Rotationsfreiheit.

Alle Arten von Klimmzügen und Latziehen, die primär den Latissimus dorsi trainieren, beteiligen die Bizepse an der Arbeit. Die Bizepse sind kleiner und schwächer als der Lat; sie verhindern, daß der obere Rücken so hart wie möglich trainiert werden kann. Der Bizeps kann am besten mitarbeiten und entfaltet die größte Kraft, wenn die Stange mit Untergriff gehalten wird. Denken Sie nur an Langhantel-Curls: Mit einem Untergriff, wenn die Unter-

novagenics 2b. Klimmzug mit schulterweitem Untergriff

Voller Einsatz der Bizepse und der Muskeln des oberen Rückens. Der Latissimus unterstützt ebenso, wie die hinteren Schultern.

arme supinieren, kann der Bizeps viel stärker kontrahieren, als mit Obergriff. Ein weiter Handabstand und Untergriff schließen sich aber gegenseitig aus. Mit mittelweitem Handabstand und Untergriff läßt sich der Lat schon besser trainieren; je enger der Handabstand, desto mehr Kraft können die Bizepse aufbringen. So kann auch der Lat härter gefordert werden.

Der Klimmzug mit dem Parallellgriff ist die beste Übung für den Latissimus. Legen Sie den Parallelgriff über die Klimmzugstange und greifen Sie ihn mit beiden Händen. Sie sollten sich völlig entspannt herabhängen lassen, um die Rückenmuskulatur so gut wie möglich zu dehnen, bevor Sie sich mit den Armen langsam hochziehen. Legen Sie dabei den Kopf in den Nacken, bringen Sie die Brust nach oben und versuchen Sie, mit dem Solarplexus, noch besser mit dem Bauch, die Stange zu berühren. Dabei nehmen Sie automatisch ein Hohlkreuz ein und der Latissimus kontrahiert optimal. Danach bis zur vollständigen Streckung wieder ablassen, bevor Sie erneut beginnen.

2b. Klimmzug mit schulterweitem Untergriff

Eine der besten Übungen für den Rükken und die Bizepse: Bei welcher Curlbewegung können Sie sonst Ihr Körpergewicht einsetzen? Hier gelingt es, da die gesamte Rückenmuskulatur und, zu einem kleineren Teil, auch Schulter- und Nackenmuskeln die Bizepse bei der Bewegung unterstützen. Das ermöglicht ein Bizepstraining mit

Verlagert die Belastung durch den engeren Griff noch stärker auf die Bizepse.

Höchstgewicht. Gleichzeitig sind korrekt ausgeführte Klimmzüge eine der effektivsten Übungen für den Latissimus dorsi, den großen Rückenmuskel. Sie trainieren sozusagen »zwei auf einen Streich« und belasten beide Muskelgruppen so hart wie möglich.

Greifen Sie die Klimmzugstange mit schulterweitem Untergriff. Ziehen Sie sich mit den Armen so weit hoch, bis Ihre Schlüsselbeine die Stange berühren. Lassen Sie sich bis zur vollen Streckung der Arme wieder herab. Wenn man im oberen Teil der Bewegung den Kopf in den Nacken legt, wird eine bessere Kontraktion der Bizepse erzielt.

2c. Klimmzug mit engem Untergriff

Wie oben, nur mit engem Griff. Auf diese Weise werden die Bizepse noch etwas stärker belastet.

2d. Klimmzug zur Brust

Diese Übung bietet von den weiten Klimmzügen den besten Bewegungsspielraum. Greifen Sie etwas weiter als schulterbreit und ziehen Sie den Körper mit den Rückenmuskeln hoch, bis Ihre Brust die Stange berührt, bevor Sie sich bis zur vollen Streckung der Arme wieder ablassen. Dabei nehmen Sie automatisch ein Hohlkreuz ein und die Muskeln des Rückens kontrahieren optimal. Die Füße dürfen ruhig verschränkt werden, das erleichtert die Balance während der Bewegung. Wenn Sie für einen vollständigen Satz noch nicht stark genug sind, stellen Sie eine Bank unter Ihre Füße, um sich für eini-

novagenics 2d. Klimmzug zur Brust

Voller Einsatz des Latissimus, vor allem der inneren Partien, sowie der oberen Rückenmuskulatur. Unterstützung durch die hinteren Schultern; die Bizepse helfen ebenfalls mit, sind aber weitgehend ausgeschaltet.

ge weitere Wiederholungen abstützen zu können.

2e. Klimmzug zum Nacken

Hier wird der Bewegungsspielraum noch mehr eingeschränkt. Greifen Sie die Klimmzugstange etwas weiter als schulterbreit und ziehen Sie den Körper mit den Rückenmuskeln so weit hoch, bis die Stange den Nacken berührt. Lassen Sie sich nun bis zur völligen Streckung der Arme wieder herab. Sie sollten in der oberen Position der Bewegung das Kinn nicht auf die Brust nehmen, sondern den Kopf aufrecht halten.

Für alle Arten von Klimmzügen gilt: Je weiter der Griff, desto stärker werden die inneren Rückenmuskeln gefordert. Je enger der Griff, desto größer die Wirkung auf die äußeren Partien des Rückens. Zusätzlich gilt es zu bedenken, daß je weiter der Griff, desto weniger tragen die Bizepse zur Kraftentfaltung bei. Wenn Sie die Unterarme beim Klimmzug (oder beim Latziehen) weiter als parallel halten, werden die Muskeln des Rückens besser isoliert und Sie schaffen weniger Klimmzüge (bzw. Gewicht beim Latziehen), da die Bizepse nicht mehr effektiv mitarbeiten können.

3a. Rudern vorgebeugt

Statt mit der klassischen T-Bar (siehe Abbildung auf der übernächsten Seite) kann das vorgebeugte Rudern auch mit einer Langhantel ausgeführt werden. Stellen Sie sich auf einen etwa zehn Zentimeter hohen Holzblock

novagenics 2e. Klimmzug zum Nacken

Voller Einsatz der oberen Rückenmuskulatur (Trapez und kleinere Muskeln). Die inneren Partien des Latissimus werden ebenfalls stark gefordert, sowie die seitliche und hintere Schultermuskulatur und, eingeschränkt, die Bizepse.

(oder zwei große Hantelscheiben), die Füße nur einige Zentimeter auseinander. Beugen Sie sich vor, ohne dabei die Beine ganz durchzustrecken und greifen Sie die Hantel mit engem Obergriff. In der Ausgangsposition befindet sich der Oberkörper parallel zum Boden, der Kopf ist in den Nacken gelegt (auf diese Weise nehmen Sie automatisch ein Hohlkreuz ein, das Gesäß wird quasi herausgestreckt). Das Gewicht hängt auf Armlänge herab. Atmen Sie jetzt ein, und ziehen Sie die Hantel unter Einsatz der Rückenmuskulatur hoch, bis die Stange den Bauch berührt. Senken Sie anschließend das Gewicht langsam wieder ab; atmen Sie dabei aus. Legen Sie die Hantel am Ende der Wiederholung nicht auf dem Boden ab, sondern beginnen Sie gleich mit der nächsten.

Konzentrieren Sie sich bei der Ausführung der Übung darauf, die Stange zum Bauch zu führen. Lassen Sie das Gewicht immer so weit wie möglich ab (die Arme müssen ganz gestreckt sein). Sie sollten die Dehnung der Rückenmuskulatur deutlich spüren, bevor Sie die nächste Wiederholung ausführen. Experimentieren Sie mit unterschiedlichen Griffweiten und Endpositionen, um die für Sie effektivste Technik zu finden. Wenn Sie die Hantel mit Untergriff halten und die Ellbogen eng an den Körper bringen, müssen Sie zwar das Gewicht etwas reduzieren, dafür werden aber die unteren Partien des Latissimus dorsi, sowie die Bizepse stärker belastet.

novagenics 3a. Rudern vorgebeugt

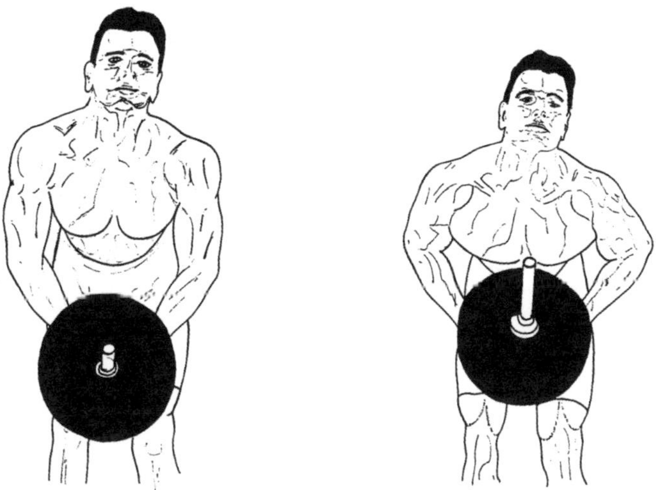

Voller Einsatz des Latissimus, der Bizepse (vor allem, wenn ein Untergriff verwendet wird) und der hinteren Schultern. Die Muskeln des oberen Rückens unterstützen kräftig.

3b. Rudern mit der Kurzhantel

Nicht so effektiv, wie die zuvor beschriebenen, schweren Rückenübungen, da weniger Gewicht bewegt wird. Halten Sie in einer Hand eine Kurzhantel und beugen Sie sich in der Hüfte nach vorn. Stützen Sie sich mit der freien Hand auf eine Bank und lassen Sie das Gewicht am ausgestreckten Arm herabhängen. Ziehen Sie nun die Hantel mit der Rückenmuskulatur der betreffenden Körperseite soweit hoch, bis der Ellbogen sich über Schulterhöhe befindet. In der oberen Position der Bewegung ist der Ellbogen der höchste Punkt des Körpers. Senken Sie das Gewicht wieder ab und wiederholen Sie. Trainieren Sie abwechselnd beide Seiten des Latissimus dorsi. Wenn die Handfläche nach hinten zeigt, wird der mittlere Rücken stärker belastet.

Wenn Sie beim vorgebeugten Rudern die Ellbogen sehr hoch bringen, bzw. beim Rudern am Kabel die Ellbogen weit nach hinten, beteiligen Sie die hinteren Deltamuskeln an der Bewegung. Sie können beim Rudern viel mehr Gewicht einsetzen, als beim vorgebeugten Seitheben, das als Standardübung für die hinteren Schultermuskeln gilt. Deshalb sind alle vorgebeugten, bzw. sitzenden Ruderbewegungen, egal ob mit Hanteln oder am Kabel, hocheffektive Übungen für die Entwicklung der hinteren Schultern.

3c. Rudern am Kabel

In der Rangliste der Rückenübungen wegen des niedrigen Gewichts, was

novagenics 3b. Rudern mit der Kurzhantel

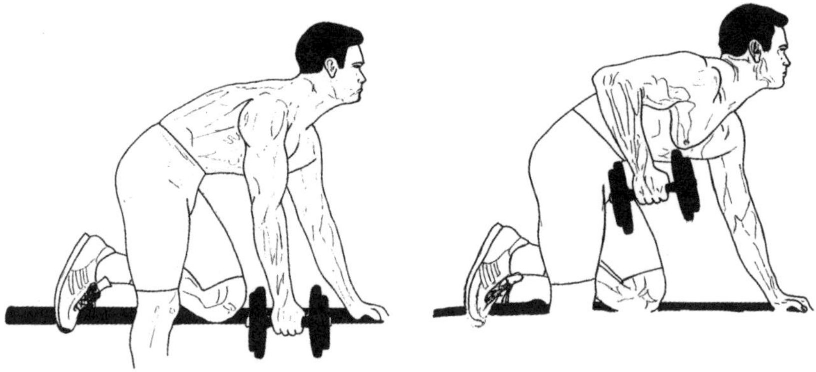

Jeweils auf der trainierten Seite: Voller Einsatz des Latissimus, der hinteren Schulter und weitgehender Einsatz des Bizeps. Die Muskeln des oberen Rückens auf dieser Seite unterstützen kräftig.

novagenics 3c. Rudern am Kabel

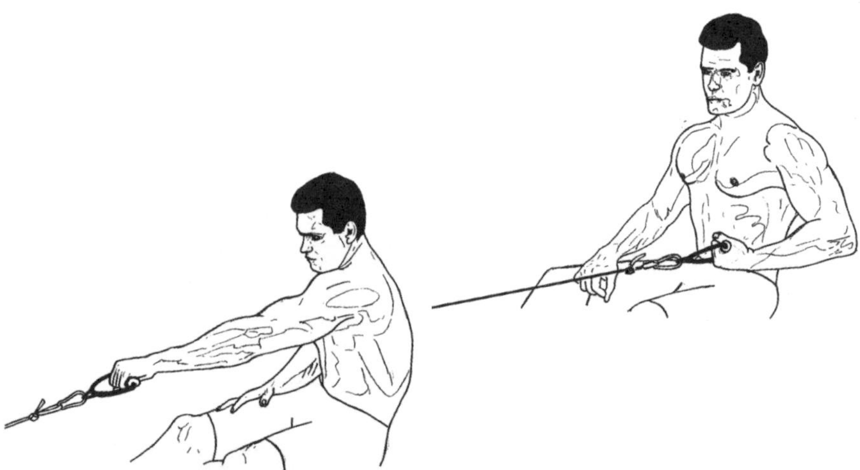

Jeweils auf der trainierten Seite: Voller Einsatz des Latissimus (vor allem der unteren Partie), des Bizeps und der hinteren Schulter. Die Muskeln des oberen Rückens auf dieser Seite unterstützen kräftig.

novagenics 4a. Latziehen mit Parallelgriff

Voller Einsatz des Latissimus, vor allem der äußeren Partien, sowie der übrigen Muskeln des oberen Rückens. Unterstützend arbeiten Bizepse und hintere Schultern mit.

hier nur eingesetzt werden kann, noch weiter hinten einzuordnen. Aber gut geeignet zum Abschluß des Rückentrainings, um aus den bereits erschöpften Lats noch einmal das Letzte herauszuholen. Diese Übung entwickelt vor allem die untere Partie des Latissimus und sollte als (weitgehende) Isolationsübung mit nicht zu schwerem Gewicht ausgeführt werden. Im Gegensatz dazu kann das herkömmliche Kabel-Rudern mit Parallelgriff, bei dem beide Arme eingesetzt werden, als weniger effektive Variante des vorgebeugten Langhantelruderns angesehen werden, die zwar bereits eine bessere Dehnung des Latissimus erlaubt, aber auch erheblich weniger Gewicht.

Trainieren Sie Rudern am Kabel lieber abwechselnd mit einer Hand. Die weite Streckung der trainierten Körperseite in der Ausgangshaltung ermöglicht eine sehr gute Muskelkontraktion, wenn der Griff zum Bauch hin gezogen wird; der weit zurückgenommene Ellbogen fordert den hinteren Deltamuskel.

4a. Latziehen mit Parallelgriff

Für alle Arten des Latziehens gilt dasselbe, wie für die Klimmzüge. Am effektivsten ist auch hier der Einsatz eines Parallelgriffs. Nehmen Sie auf der Bank vor dem Kabelzug Platz und verankern Sie die Oberschenkel unter den dafür vorgesehenen Polstern. Greifen Sie den Parallelgriff und ziehen Sie das Gewicht langsam bis zur Brust herab. Spannen Sie den Latissimus für einen kurzen Augenblick hart

novagenics 4b. Latziehen zur Brust

Voller Einsatz des Latissimus, vor allem der inneren Partien, sowie der oberen Rückenmuskulatur. Unterstützung durch die hinteren Schultern; die Bizepse helfen ebenfalls mit, sind aber weitgehend ausgeschaltet.

novagenics 4c. Latziehen zum Nacken

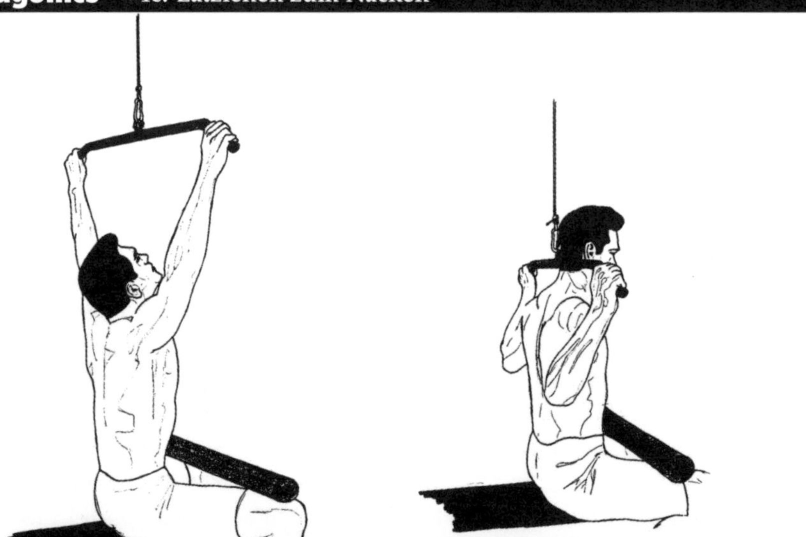

Voller Einsatz der oberen Rückenmuskulatur (Trapezmuskel und kleinere Muskeln). Die inneren Partien des Latissimus werden stark gefordert, sowie die seitliche und hintere Schultermuskulatur und eingeschränkt, die Bizepse.

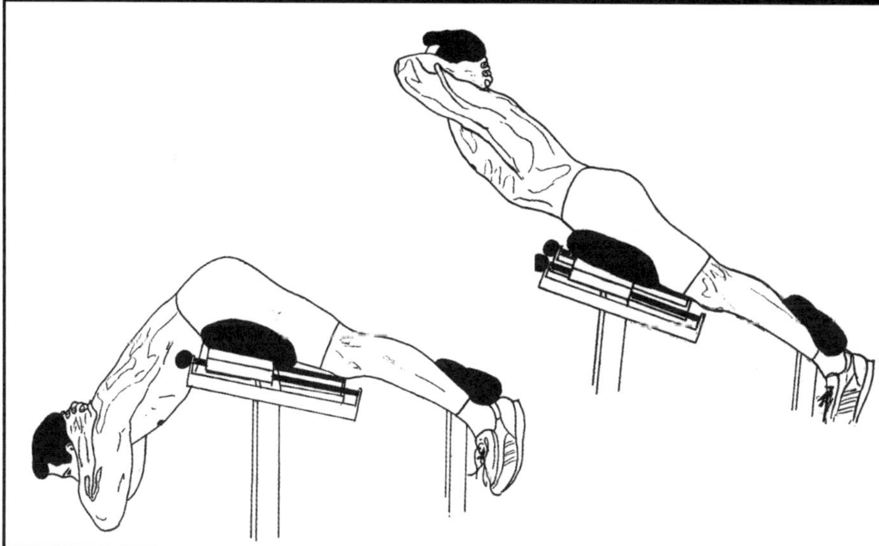

Voller Einsatz der Rückenstrecker; Gesäß und Beinbizeps unterstützen.

an und lassen Sie das Gewicht anschließend langsam in die Ausgangsposition zurückgleiten.

4b. Latziehen zur Brust

Statt eines Parallelgriffs wird hier eine Stange verwendet. Greifen Sie die Latzugstange mit weitem Obergriff und ziehen Sie diese langsam bis zur Brust herab. Langsam wieder hochlassen. Wegen der eingeschränkten Kontraktion der Rückenmuskulatur vor allem zur Vorerschöpfung oder zum Abschluß des Rückentrainings zu empfehlen.

Wird die Stange mit einem schulterweitem Untergriff gefaßt, kann beim Latziehen zur Brust mehr Gewicht bewegt werden, da die Bizepse – wie beim Klimmzug mit Untergriff – verstärkt zum Einsatz kommen. So wird diese Übung nicht nur für das Rückentraining, sondern auch zur Entwicklung der Bizepse viel effektiver genutzt.

4c. Latziehen zum Nacken

Statt zur Brust wird die Stange hier zum Nacken hin gezogen. Versuchen Sie, so aufrecht wie möglich zu sitzen und das Kinn nicht auf die Brust zu nehmen.

5a. Hyperextension

Hyperextensionen trainieren vor allem den unteren Rücken und die Rückenstrecker, jene Muskelstränge, die gleich neben der Wirbelsäule verlaufen und diese stützen. Hyperextensionen sind keine besonders effektive Übung für

novagenics 5b. Hyperextension mit Drehung

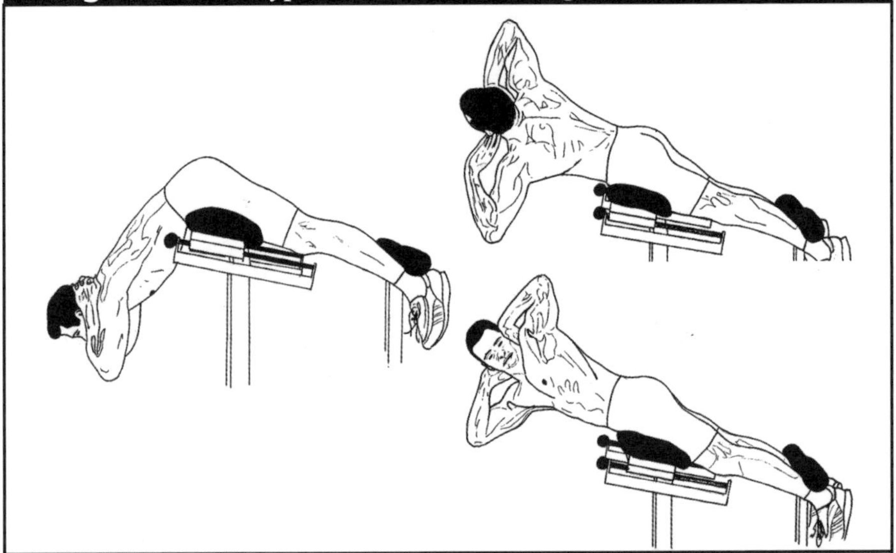

Voller Einsatz der Rückenstrecker, Gesäß und Beinbizeps unterstützen (jeweils stärker auf der trainierten Seite).

den unteren Rücken, schweres Kreuzheben oder Kniebeugen sind dafür weitaus besser geeignet. Wer aber Probleme mit dem Rücken hat und deswegen das Krafttraining aufgenommen hat, dem leisten Sie zur behutsamen Kräftigung der unteren Rückenpartie gute Dienste. Wenn diese Körperregion gestärkt geworden ist, kann man zu leichten Kniebeugen und Kreuzheben übergehen, um Rückenprobleme ein für allemal vergessen zu können. Die Ausführung ist einfach: Bäuchlings auf die Extensionsbank legen und die Fersen hinter die Fußpolster bringen. Die Bewegung beginnt mit herabgebeugtem Oberkörper, der mit der Rückenmuskulatur langsam hochgezogen wird. Die Muskeln des Gesäßes und der hinteren Oberschenkel helfen dabei kräftig mit. In der oberen Position sollten Sie die Schultern weit zurücknehmen, um eine gute Kontraktion aller beteiligten Muskeln zu erreichen.

5b. Hyperextension mit Drehung
Hier wird der Oberkörper bei der Aufwärtsbewegung abwechselnd nach links oder rechts gedreht. Damit wird jeweils die eine, bzw. andere Seite der Rückenstrecker stärker belastet, als bei der normalen Hyperextension.

*

Die Muskeln der Brust

- **Pectoralis** (klavikularer, d.h. oberer Bereich und sternaler, d.h. unterer Bereich des Brustmuskels. Der Brustmuskel zieht den Arm gerade, bzw. nach oben oder unten über den Brustkasten).

Übungen für die Brust

Übungen, Auflistung nach Effektivität für die Muskelentwicklung der Brust:

1a. Bankdrücken
1b. Schrägbankdrücken
1c. Schrägbankdrücken mit Kurzhanteln
2a. Fliegende Bewegung
2b. Fliegende Bewegung auf der Schrägbank
2c. Fliegende Bewegung auf der negativ geneigten Bank
2d. Fliegende Bewegung am Kabel
2e. Fliegende Bewegung am Kabel auf der Bank

Beim Training für die Brustmuskeln sorgen eine saubere Ausführung der Bewegungen und größtmögliches Gewicht für beste Ergebnisse. Dem entsprechend kommt dem Bankdrükken und Schrägbankdrücken mit der Langhantel eine Schlüsselrolle für die Entwicklung der Brust zu. Das Schrägbankdrücken mit Kurzhanteln folgt auf Platz drei, während Fliegende Bewegungen, egal ob mit Hanteln oder am Kabel, allenfalls dazu dienen können, einen durch schwere Drückübungen belasteteten Brustmuskel abschließend zu belasten. Bei den schweren Drückbewegungen helfen die Trizepse kräftig mit, auch die Schultern, besonders die vorderen Partien der Deltamuskeln, werden gefordert. Da beim Bankdrücken mehr Gewicht verwendet werden kann, als bei allen Drückbewegungen für die Schulter, kann es als beste Übung für die vordere Schultermuskulatur eingestuft werden.

Bankdrücken auf der negativ geneigten Bank soll die unteren Partien der Brust stärker trainieren. Dem wäre allerdings entgegenzuhalten, daß das Drücken auf der flachen Bank dasselbe bewirkt, wenn die Hantelstange konventionell zu den Brustwarzen herabgeführt wird. Wenn Sie sich die Bodybuilder in Ihrem Fitness-Studio einmal genauer anschauen, werden Sie feststellen, daß die meisten von ihnen gerade den unteren Teil der Brustmuskeln recht gut entwickelt haben, während oft die oberen Partien weniger ausgeprägt sind. Vergeuden Sie also keine Zeit mit Bankdrücken auf der negativ geneigten Bank; achten Sie lieber darauf, Ihre Brustmuskulatur vollständig zu entwickeln – vor allem die oberen Partien.

1a. Bankdrücken

Legen Sie sich rücklings auf eine Flachbank und plazieren Sie die Füße sicher auf dem Boden. Greifen Sie die Langhantel in der Ablage über Ihnen und umfassen Sie die Stange mit einem etwas mehr als schulterweitem Obergriff (so weit, daß sich die Unterarme senkrecht zum Boden befinden, wenn die Hantel auf der Brust ruht). Stemmen Sie das Gewicht aus der Ablage, indem Sie die Arme durchstrek-

novagenics 1a. Bankdrücken

Voller Einsatz der Brustmuskeln, sowie der vorderen Schultermuskeln. Die Trizepse unterstützen kräftig.

ken und halten Sie es mit durchgedrückten Armen senkrecht über der Brust. Atmen Sie ein und senken Sie dabei das Gewicht langsam herab, bis die Stange die Brust in Höhe der Brustwarzen berührt. Die Ellbogen bleiben während der Abwärtsbewegung ausgestellt.

Wenn die Hantelstange die Brust berührt, drücken Sie die Hantel kraftvoll wieder empor, bis die Arme gestreckt sind; atmen Sie dabei aus. Spannen Sie Ihre Brustmuskeln in der obersten Position für einen Augenblick fest an, indem Sie die Schultern so hoch wie möglich drücken, bevor Sie mit der nächsten Wiederholung beginnen.

Halten Sie den unteren Rücken während der gesamten Bewegung flach auf der Bank; Sie sollten bei der Drückbewegung kein Hohlkreuz einnehmen. Mit einem Hohlkreuz werden beim Wettkampfbankdrücken noch einige Kilo mehr bewegt. Für eine vollständige Entwicklung der Brustmuskeln ist diese Haltung aber nicht notwendig; außerdem gefährdet sie den unteren Rücken.

Die Hantelstange sollte direkt auf den Handgelenken zu liegen kommen. So ist das Gewicht am besten plaziert. Vermeiden Sie unbedingt, die Hände zu weit nach hinten »abzuknicken«, so daß die Stange mehr von den Fingern gehalten wird, statt sicher in der Handfläche zu liegen. Die Griffweite bestimmt beim Bankdrücken die vorwiegend trainierte Muskelregion: Je weiter der Griff, desto größer ist die Belastung

Voller Einsatz der Brustmuskeln, vor allem der oberen Partien. Die vorderen Schultermuskeln werden stärker einbezogen, je steiler der Winkel der Bank ausfällt. Die Trizepse arbeiten ebenfalls voll mit.

der Brustmuskeln und der vorderen Schultern. Je enger der Griff, desto stärker werden die Trizepse gefordert. Wenn die Hantel zum Hals hin abgelassen wird (Hilfestellung ist dabei unbedingt erforderlich), muß die obere Brust mehr Arbeit leisten.

1b. Schrägbankdrücken

Manche Kraftsportler halten das Schrägbankdrücken für die effektivere Übung zur Entwicklung der Brustmuskulatur. Wird der Oberkörper etwas aufgestellt, führt die stärkere Dehnung beim Ablassen des Gewichts dazu, daß die Brustmuskeln anschließend besser kontrahieren. Zudem werden wegen des veränderten Winkels von der Brust zum Oberarm mehr Muskelfasern des Pectoralis beansprucht. Dem wäre allerdings entgegen zu halten, daß beim Drücken auf der Flachbank mehr Gewicht bewegt werden kann. Wie auch immer man das Schrägbankdrücken bewerten mag, eines ist sicher: Neben dem konventionellen Bankdrücken ist es mindestens die zweitbeste Übung zur Entwicklung der Brustmuskeln.

Legen Sie sich rücklings auf eine Schrägbank, deren Winkel etwa 35 Grad beträgt (steht die Lehne steiler als 35 Grad, verlagert sich die Belastung von der Brust zunehmend auf die Schultern). Greifen Sie die über Ihnen liegende Hantelstange mit etwas mehr als schulterweitem Obergriff. Stemmen Sie die Hantel aus der Ablage und halten Sie sie mit gestreckten Armen. Führen Sie die Stange kontrolliert auf die

novagenics 1c. Schrägbankdrücken mit Kurzhanteln

Voller Einsatz der Brustmuskeln, vor allem der oberen Partien. Die vorderen Schultermuskeln werden stärker einbezogen, je steiler der Winkel der Bank ausfällt. Die Trizepse arbeiten voll mit; die Unterarme stabilisieren.

Brust herab und atmen Sie dabei tief ein. Stellen Sie die Ellbogen während der ganzen Bewegung weit zur Seite aus. In der tiefsten Position berührt die Hantelstange das obere Drittel Ihrer Brustmuskeln. Drücken Sie dann das Gewicht explosiv empor, bis die Arme durchgestreckt sind. Atmen Sie dabei aus. Spannen Sie die Brustmuskeln einen Augenblick lang fest an, indem Sie die Schultern so hoch wie möglich drücken, bevor Sie mit der nächsten Wiederholung beginnen.

Lassen Sie die Hantel nicht von der Brust »abfedern« und halten Sie den unteren Rücken flach auf der Bank. Wenn Sie die Hantel zum Hals ablassen und die Ellbogen seitlich ausstellen, wird die obere Brust noch stärker belastet. Den Winkel der Schrägbank können Sie von einer Trainingseinheit zur anderen, oder innerhalb einer Trainingseinheit von Satz zu Satz verändern (allerdings nicht höher als 35 Grad stellen); so bringen Sie etwas Abwechslung in das Training.

1c. Schrägbankdrücken mit Kurzhanteln

Hier werden Kurzhanteln zum Schrägbankdrücken eingesetzt. Dafür muß allerdings das Gewicht verringert werden, deshalb ist diese Übung nicht ganz so effektiv wie das Schrägbankdrücken mit der Langhantel.

Halten Sie die Gewichte zu beiden Seiten des Körpers in Höhe der Schultern, die Ellbogen werden dabei ausgestellt, und drücken Sie die Hanteln nach oben. Spannen Sie die Brustmus-

novagenics 2a. Fliegende Bewegung

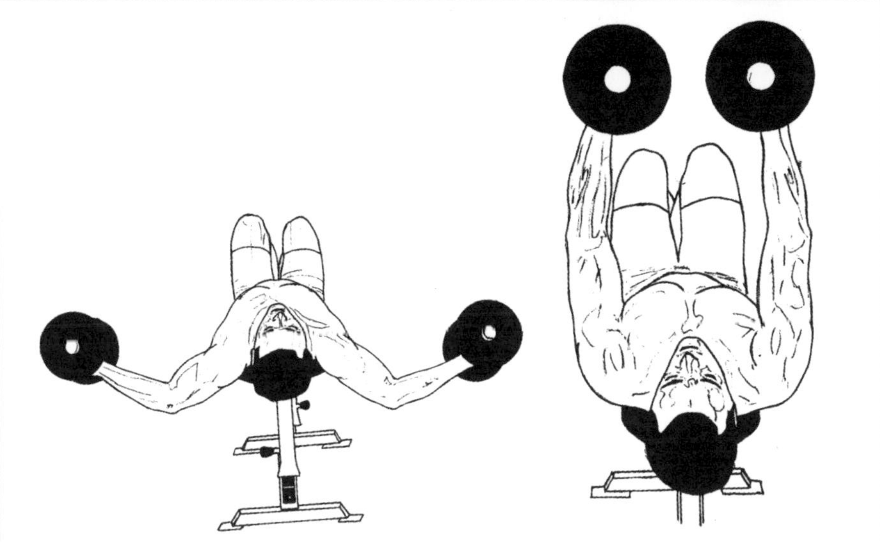

Voller Einsatz der Brustmuskeln, die Bizepse und die vorderen Schultern unterstützen ein wenig.

keln in der oberen Position der Bewegung einen Moment lang fest an, indem Sie die Schultern so hoch wie möglich drücken, bevor sie die Gewichte wieder auf Schulterhöhe ablassen. Sie können dabei einen Satz mit den Handflächen zueinander ausführen und den nächsten mit den Handflächen nach vorn, um die oberen Brustmuskeln aus verschiedenen Winkeln zu belasten. Halten Sie den unteren Rücken immer flach auf der Bank.

2a. Fliegende Bewegung

Ein Klassiker aus Arnolds aktiven Zeiten. Zur Entwicklung der Brustmuskulatur aber längst nicht so gut geeignet, wie schwere Drückbewegungen. Das Gewicht ist für ein effektives Training der starken Brustmuskeln viel zu gering. Doch eine optimale Isolationsübung für die Brust, da der Trizeps hier nicht mithelfen kann. Zudem führt die vollständige Dehnung der Pectoralis-Muskeln zur einer guten Kontraktion in der oberen Position.

Halten Sie in jeder Hand eine Kurzhantel, und legen Sie sich rücklings auf eine Bank. Stemmen Sie die Hanteln hoch über Ihre Brust. Senken Sie nun die Arme im Bogen zu beiden Seiten so weit ab, bis Sie eine gute Dehnung in der Brustmuskulatur spüren. Die Arme werden bei der Abwärtsbewegung nicht durchgestreckt, sondern bleiben leicht gebeugt. Führen Sie nun die Gewichte über der Brust wieder zusammen, so, als würden Sie einen mächtigen Baum umarmen, indem Sie Zug mit den Brustmuskeln ausüben.

novagenics 2b. Fliegende auf der Schrägbank

Voller Einsatz der Brustmuskeln, vor allem der oberen Partien. Die Bizepse und die vorderen Schultern unterstützen ein wenig.

novagenics 2c. Fliegende auf der negativ geneigten Bank

Voller Einsatz der Brustmuskeln, vor allem der unteren Partien. Die Bizepse und die vorderen Schultern unterstützen ein wenig.

novagenics 2d. Fliegende am Kabel

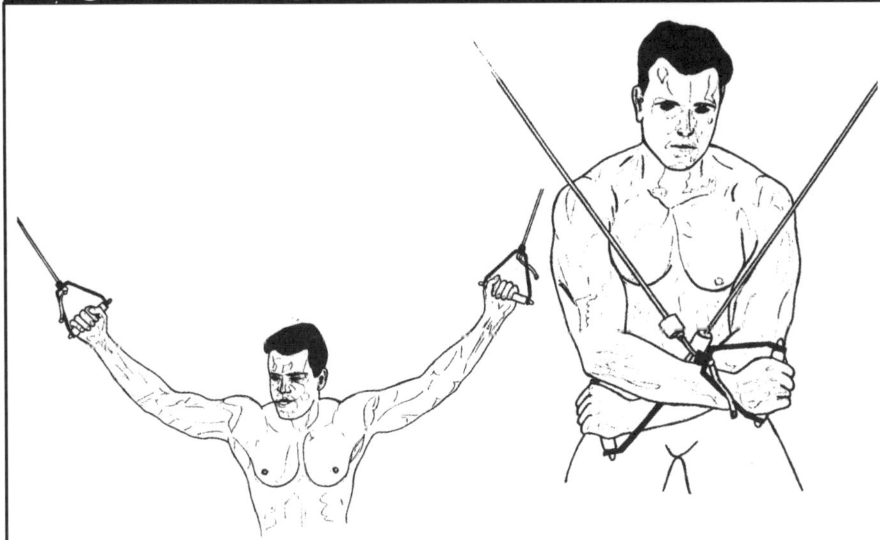

Weitgehender Einsatz der Brustmuskeln, doch die Belastung verteilt sich auch auf alle anderen Muskeln des Oberkörpers.

2b. Fliegende auf der Schrägbank

Belastet stärker die obere Partie der Brustmuskeln; auch die Schultermuskulatur wird mehr einbezogen. Halten Sie in jeder Hand eine Kurzhantel, und legen Sie sich auf eine Bank mit schräggestellter Lehne (bis 35 Grad Schräge ist optimal). Hier ergibt sich die Höchstkontraktion in der oberen Position der Bewegung fast wie von selbst. Halten Sie die Kontraktion der Brustmuskeln für einen Moment, bevor Sie zur nächsten Wiederholung ansetzen.

2c. Fliegende auf der negativ geneigten Bank

Das Gegenstück zur Schrägbank; hier wird die untere Brustmuskulatur stärker belastet, die Schultern sind weitestgehend ausgeschaltet. Die Bank sollte nicht zu stark geneigt sein; ein Wadenblock, bzw. zwei Telefonbücher unter das eine Ende gelegt, sollten ausreichen.

2d. Fliegende am Kabel

In vielen Fitness-Studios eine beliebte Übung, von der Effektivität für die Brustmuskulatur her allerdings fragwürdig. Hier helfen einfach zu viele andere Muskeln mit; besonders die Bizepse und die Rückenmuskulatur. Fliegende am Kabel eignen sich eigentlich nur als letzte Übung des Brusttrainings, wenn die Pectoralismuskeln schon sehr erschöpft sind.

In der Startposition sollten Sie die Schultern hoch und weit nach hinten nehmen, um die Brustmuskeln so gut

novagenics 2e. Fliegende am Kabel auf der Bank

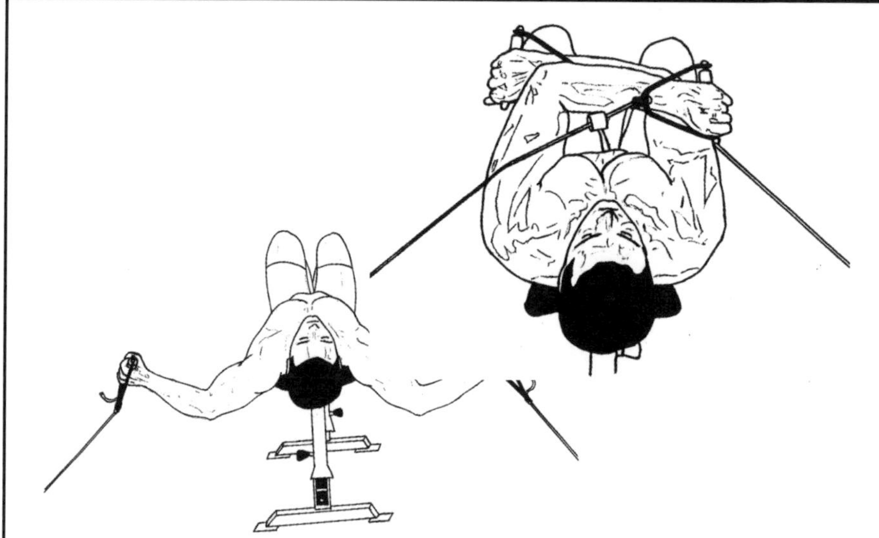

Voller Einsatz der Brustmuskeln. Die Bizepse und die vorderen Schultern unterstützen ein wenig.

wie möglich zu dehnen; der Oberkörper wird aufrecht gehalten. Führen Sie nun die leicht gebeugten Arme vor dem Körper zusammen, bis sich die Fäuste berühren. Im Verlauf der Bewegung bringen Sie die Schultern nach vorn und unten. Auch die Arme werden nach unten geführt; in der Endposition ist der Oberkörper leicht vorgebeugt.

2e. Fliegende am Kabel auf der Bank

Diese Übung ist ebenfalls kaum geeignet, zum Wachstum der Brustmuskeln beizutragen. Greifen Sie den Kabelzug rechts und links und legen Sie sich rücklings auf eine Bank. Zur vollständigen Kontraktion der Brustmuskeln müssen die Arme über der Brust gekreuzt werden. So kommen die Bizepse stärker ins Spiel und die Brustmuskeln werden nicht mehr so gefordert, wie bei Fliegenden Bewegungen mit Kurzhanteln.

*

Die Muskeln der Schulter

- **vorderer Deltamuskel** (hebt den Arm nach vorn und nach innen)
- **seitlicher Deltamuskel** (hebt den Arm zur Seite)
- **hinterer Deltamuskel** (hebt den Arm nach hinten und nach außen)

Übungen für die Schultern

Übungen, Auflistung nach Effektivität für die Muskelentwicklung der Schulter:

- Bankdrücken
- Schrägbankdrücken
- Schrägbankdrücken mit Kurzhanteln
- Rudern vorgebeugt mit T-Bar oder Langhantel
- Rudern vorgebeugt mit Kurzhantel
- Rudern am Kabel

1. Military Press
2a. Nackendrücken
2b. Nackendrücken mit Kurzhanteln
3. Schulterdrücken
4a. Rudern aufrecht
4b. Rudern aufrecht am Kabel
5a. Seitheben
5b. Seitheben am Kabel
6a. Seitheben vorgebeugt
6b. Seitheben vorgebeugt am Kabel
7. Frontheben

Beste Übung für die vordere Schulter: Bankdrücken (siehe »Brust«, Seite 30f)

Zweitbeste Übung für die vordere Schulter: Schrägbankdrücken (siehe »Brust«, Seite 32f)

Drittbeste Übung für die vordere Schulter: Schrägbankdrücken mit Kurzhanteln (siehe »Brust«, Seite 33f)

Gut entwickelte Schultern wünscht sich so ziemlich jeder Bodybuilder. Dafür nehmen die meisten gern ein langes und kräftezehrendes Schultertraining in Kauf, ohne sich bewußt zu sein, daß sie der Entwicklung ihrer Schultern dadurch eher schaden. Von allen Muskelgruppen ist die Schulterpartie diejenige, die am schnellsten übertrainiert werden kann. Sie ist relativ klein, muß aber bei Brusttraining bereits ganze Arbeit leisten. Alle Drückbewegungen über Kopf, die für den Trizeps ausgeführt werden, bela-

Beste Übung für die hintere Schulter: Rudern vorgebeugt mit T–Bar oder Langhantel (siehe »Rücken«, Seite 22f)

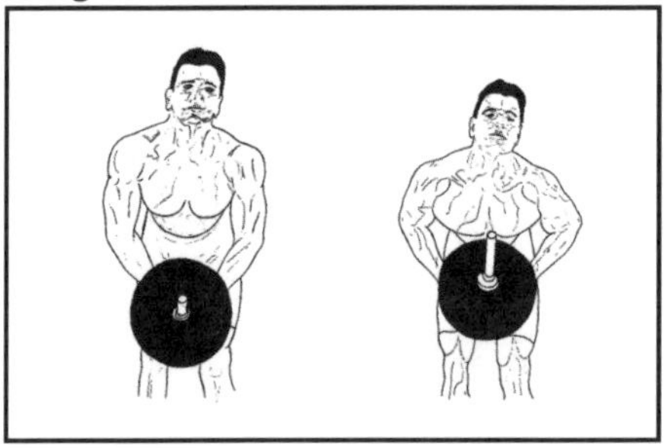

Zweitbeste Übung für die hintere Schulter: Rudern vorgebeugt mit Kurzhantel (siehe »Rücken«, Seite 24f)

Drittbeste Übung für die hintere Schulter: Rudern am Kabel (siehe »Rücken«, Seite 24f)

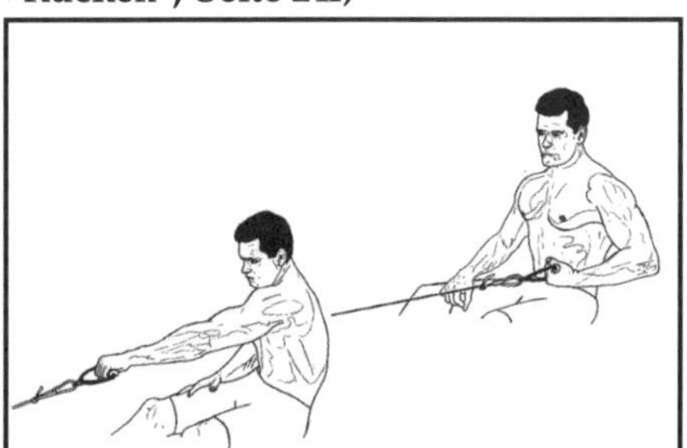

sten die Schultern noch weiter, nicht zu vergessen die Zugbewegungen, die beim Rückentraining und den verschiedenen Arten von Bizepscurls ausgeführt werden. Ihre Schultern erhalten also bereits ein Rundum-Training, ohne daß sie gezielt belastet werden.

Deswegen muß das gezielte Schultertraining so behutsam wie möglich geschehen, am besten nur mit ganz wenigen Sätzen, sonst kommt es schnell zu langwierigen Verletzungen, die den Trainingsfortschritt erheblich behindern können. Bestimmt gibt es auch in Ihrem Fitness-Studio mindestens einen Bodybuilder, der Probleme mit der Bizepssehne im Schulterbereich hat und deswegen nur unter Schmerzen Bankdrücken trainieren kann. Diese bei Kraftsportlern häufige Verletzung ist nur selten auf unzureichendes Aufwärmen zurückzuführen; sie wird vorwiegend durch eine übertrainierte Schultermuskulatur ausgelöst.

Vorsicht also beim Schultertraining: Kein Nackendrücken oder Military Press, wenn Sie am gleichen Tag schon die Brust trainiert haben. Selbst an den anderen Tagen sollten Sie diese schweren Schulterübungen nur mit Bedacht einsetzen. In den meisten Fällen reichen neben Bankdrücken und vorgebeugtem Rudern nur wenige Sätze der leichteren Schulterübungen aus, um diese Körperpartie komplett zu trainieren.

1. Military Press

Nach Bankdrücken und Schrägbankdrücken die beste Übung für die Entwicklung der Schultern. Die Trizepse unterstützend dabei kräftig; so kann viel Gewicht bewegt werden. Da diese Übung im Stand ausgeführt wird, kommen auch die Beine, das Gesäß,

 1. Military Press

Voller Einsatz der vorderen Deltamuskeln, die seitlichen werden ebenfalls stark belastet; Trizepse und obere Brustmuskeln helfen kräftig mit. Die Muskeln des oberen Rückens sind unterstützend beteiligt; die des unteren stabilisieren.

der untere Rücken und andere Muskeln ins Spiel. Das plaziert die Military Press, was die Effektivität angeht, weit vor dem Nackendrücken, das in der Regel im Sitzen ausgeführt wird.

Stellen Sie sich aufrecht vor eine auf dem Boden liegende Langhantel. Der Stand sollte so weit sein, daß Sie während der anschließenden Übung mühelos das Gleichgewicht halten können. Beugen Sie sich in der Hüfte vor und umfassen Sie die Stange mit schulterweitem Obergriff. Nehmen Sie die Hantel vom Boden auf und bringen Sie das Gewicht vor die Brust.

In der Ausgangsposition ruht die Hantel in Schulterhöhe auf den Händen, der Kopf ist in den Nacken gelegt, die angewinkelten Ellbogen sind unter der Stange und das Gewicht wird von den Armen getragen. Halten Sie Ihren Oberkörper so aufrecht wie möglich und die Knie durchgedrückt. Atmen Sie tief ein, um den Körper zu stabilisieren. Drücken Sie nun das Gewicht explosiv über Kopf, bis die Arme gestreckt sind; atmen Sie gleichzeitig aus. Halten Sie die Hantel für einen Moment ruhig im Gleichgewicht und lassen Sie sie dann langsam und kontrolliert in die Ausgangsstellung herab; atmen Sie dabei wieder ein. Beginnen Sie sofort mit der nächsten Wiederholung. Die Hantel wird erst nach Absolvierung der vorgegebenen Wiederholungszahl am Boden abgelegt.

Halten Sie den Oberkörper stets so aufrecht wie möglich und lehnen Sie sich nicht nach hinten, so reduzieren Sie die Belastung auf den unteren Rük-

novagenics 2a. Nackendrücken

Voller Einsatz der vorderen Deltamuskeln, die seitlichen Deltamuskeln werden ebenfalls stark belastet; dabei helfen die Trizepse kräftig mit, der Trapez ist weniger beteiligt.

ken. Zum Ende eines Satzes können Sie zusätzliche Wiederholungen erzwingen, indem Sie etwas Schwung aus den Beinen holen. Doch Vorsicht, nur leicht nachhelfen; hier ist volle Konzentration gefordert! Um Verletzungen vorzubeugen, sollte für das Drücken über Kopf bei mittlerem und schwerem Gewicht unbedingt ein Gürtel angelegt werden. Selbst wenn bei den letzten Wiederholungen nur sehr leicht Schwung geholt wird, wirken große Kräfte auf die Wirbelsäule.

2a. Nackendrücken

Das Nackendrücken erlaubt weniger Gewicht als die Military Press, deshalb ist es weiter hinten einzuordnen auf der Liste der effektivsten Schulterübungen. Nackendrücken trainiert wiederum die Schultern und die Trizepse.

Greifen Sie eine Langhantel etwas weiter als schulterbreit und plazieren Sie sie hinter dem Kopf auf den hinteren Schultermuskeln. Drücken Sie die Hantel nun langsam über Kopf, bis die Arme voll durchgestreckt sind. In der obersten Position ruht das Gewicht auf den ausgestreckten Armen und die Schultern werden entlastet, deshalb gleich wieder langsam ablassen.

2b. Nackendrücken mit Kurzhanteln

Diese Übung ist nicht ganz so unbequem auszuführen, wie das Nackendrücken mit der Langhantel, aber auch nicht so effektiv, da noch weniger Gewicht verwendet wird. Nehmen Sie eine Kurzhantel in jede Hand und halten

novagenics 2b. Nackendrücken mit Kurzhanteln

Voller Einsatz der vorderen Deltamuskeln, die seitlichen Deltamuskeln werden ebenfalls stark belastet. Dabei helfen die Trizepse sowie der obere Teil der Brustmuskeln kräftig mit, der Trapezmuskel kommt etwas stärker ins Spiel.

novagenics 3. Schulterdrücken

Voller Einsatz der vorderen Deltamuskeln, die seitlichen Deltamuskeln werden weitestgehend mit einbezogen. Die Trizepse unterstützen kräftig, der Trapezmuskel wird wiederum stärker beteiligt, als beim Drücken mit der Langhantel.

novagenics 4a. Rudern aufrecht

Voller Einsatz der seitlichen Deltamuskeln, die vorderen und hinteren Köpfe werden weniger gefordert. Der Trapez und die Bizepse helfen kräftig mit.

Sie diese neben den Schultern. Stehen Sie aufrecht, die Handflächen zeigen nach vorn; die Daumen nach innen. Drücken Sie die Gewichte hinter dem Kopf hoch und lassen Sie sie langsam wieder zu den Schultern herab. Bemühen Sie sich, während der Übung gerade zu stehen und den Oberkörper aufrecht zu halten. Sie können auch alternierend arbeiten – die eine Hantel wird gesenkt, während die andere gehoben wird.

3. Schulterdrücken

Diese Übung ist eine Variante des Nakkendrückens, die eine Drehung der Arme beinhaltet. So werden die seitlichen Schultermuskeln gezwungen, stärker zu kontrahieren. Setzen Sie sich auf eine Bank. Nehmen Sie eine Kurzhantel in jede Hand und halten Sie diese so neben den Schultern, daß die Handflächen nach innen zeigen und die Daumen nach außen. Drücken Sie die Gewichte gleichzeitig nach oben, wobei Sie die Unterarme nach außen drehen. In der obersten Position zeigen die Daumen nach innen und die Handflächen nach vorn. Lassen Sie dann die Hanteln langsam wieder zu den Schultern herab und drehen Sie die Unterarme dabei in die Ausgangsposition zurück. Der Oberkörper muß stets aufrecht gehalten werden.

4a. Rudern aufrecht

Das aufrechte Rudern mit der Langhantel, ebenso wie am Kabelzug, ist für die Entwicklung der seitlichen Köpfe der Schultermuskeln am besten

novagenics 4b. Rudern aufrecht am Kabel

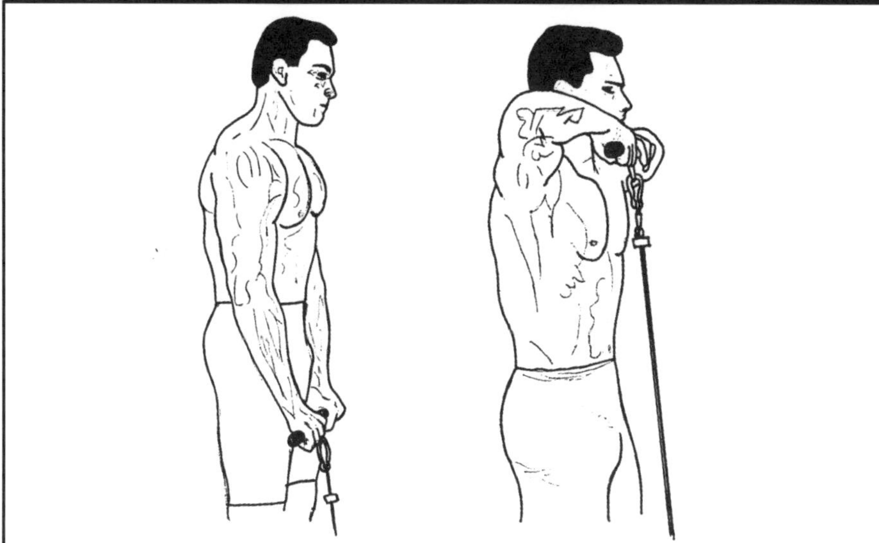

Voller Einsatz der seitlichen Deltamuskeln, die vorderen und hinteren Köpfe werden weniger gefordert. Der Trapez und die Bizepse helfen kräftig mit.

geeignet. Diese beiden Ruderbewegungen schlagen das weitverbreitete Seitheben mit Kurzhanteln um Längen, was die Effektivität angeht. Ebenso wie bei der Military Press durch die Trizepse sorgen auch hier unterstützende Muskeln dafür, daß mehr Gewicht für das Training der seitlichen Schulter eingesetzt werden kann; beim aufrechten Rudern sind es der Trapez und die Bizepse.

Halten Sie eine Langhantel im engen Obergriff, so daß der Daumen die Hantelstange nicht umschließt. Stehen Sie aufrecht und strecken Sie die Arme durch. Ziehen Sie die Hantel in einer langsamen, fließenden Bewegung nahe am Körper herauf, bis die Hantelstange fast das Kinn berührt. Achten Sie darauf, daß die Ellbogen in der obersten Position immer höher gehalten werden, als die Handgelenke, bevor Sie das Gewicht wieder absenken. Auf diese Weise belasten Sie die Schultern und den oberen Rücken effektiver.

Stehen Sie bei der gesamten Übung aufrecht; beugen Sie sich weder vor noch zurück. Wenn Sie bei dieser Übung Schmerzen in den Handgelenken oder den Schultern haben, benutzen Sie Kurzhanteln.

4b. Rudern aufrecht am Kabel

Die Ausführung dieser Übung entspricht dem Rudern mit der Langhantel: Möglichst eng fassen und die Stange nahe am Körper hochziehen. Die Ellbogen in der oberen Position so hoch wie möglich heben.

novagenics 5a. Seitheben

Voller Einsatz des seitlichen Deltamuskels, der vordere und hintere Kopf werden weniger gefordert. Der Trapez unterstützt kräftig.

5a. Seitheben

Diese klassische Übung zur Entwicklung der seitlichen Köpfe der Schultern steht recht weit hinten, was die Effektivität betrifft. Zwar werden die seitlichen Deltamuskeln gut isoliert, doch gerade deswegen kann nur wenig Gewicht eingesetzt werden. Aufrechtes Rudern mit der Langhantel oder am Kabelzug eignen sich viel besser für diesen Zweck.

Stehen Sie aufrecht mit einer Kurzhantel in jeder Hand. Die Hanteln sollten mit gestreckten Armen vor den Oberschenkeln gehalten werden, die Handflächen zueinander gedreht. Die Bewegung soll nur im Schultergelenk erfolgen. Heben Sie die Gewichte nun mit leicht gebeugten Armen bis auf Schulterhöhe. Die Knöchel der kleinen Finger müssen in der oberen Position der Bewegung nach oben zeigen und die Daumen nach unten, so als wären die Hanteln Kannen, aus denen Sie Wasser ausgießen möchten. Halten Sie die Kontraktion in den Deltamuskeln für eine Sekunde, bevor Sie die Gewichte wieder ablassen. Widerstehen Sie der Versuchung, sich vorzubeugen, die Hanteln vor dem Körper zusammenzubringen und anschließend mit Schwung nach oben zu heben. Das mindert die Effektivität der Übung beträchtlich.

5b. Seitheben am Kabel

Diese Variante des Seithebens ist noch ineffektiver: Nur alternierend auszuführen, das Gewicht muß noch weiter reduziert werden und die Bewegung

novagenics 5b. Seitheben am Kabel

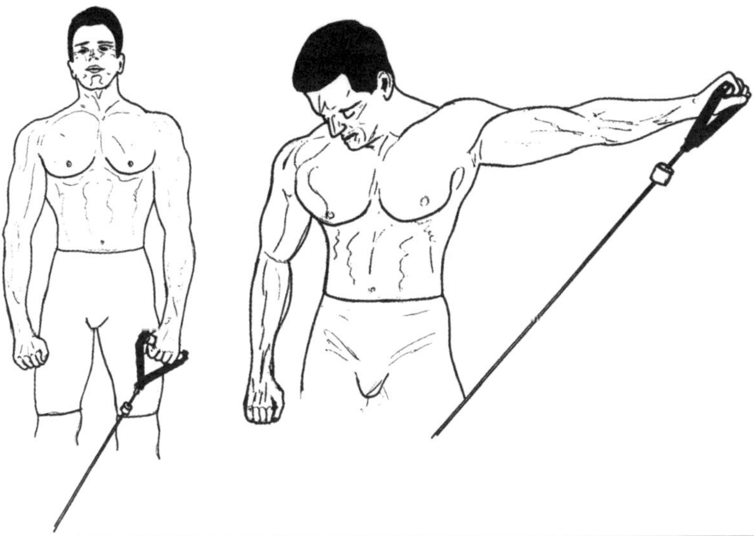

Auf der trainierten Seite: Voller Einsatz des seitlichen Deltamuskels, der vordere und hintere Kopf werden weniger gefordert. Der Trapez unterstützt kräftig.

novagenics 6a. Seitheben vorgebeugt

Voller Einsatz des hinteren Deltamuskels und des Trapez. Vorderer und seitlicher Kopf der Schultermuskeln werden weniger gefordert.

novagenics 6b. Seitheben vorgebeugt am Kabel

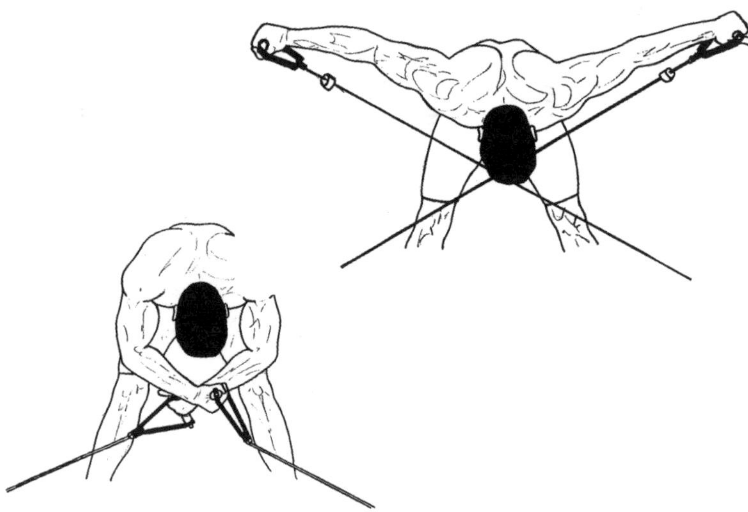

Voller Einsatz des hinteren Deltamuskels und des Trapez. Vorderer und seitlicher Kopf der Schultermuskeln werden weniger gefordert.

kann wegen des Kabelzuges auch nicht besonders flüssig erfolgen. Diese Übung eignet sich höchstens für das Definitionstraining oder als abschließende Übung des Schultertrainings.

Halten Sie den Griff des Kabelzuges mit einer Hand und nehmen Sie eine aufrechte Haltung ein. Bewegen Sie nun den gestreckten Arm langsam nach oben, wobei Sie den Griff leicht nach vorn und unten drehen. In der obersten Position befindet sich der ausgestreckte Arm parallel zum Boden und die Faust mit dem Griff ist leicht geneigt, der Daumen zeigt nach unten, so, als würden Sie eine Kanne ausgießen. Wechseln Sie anschließend die Seite, um die andere Schulter zu trainieren.

6a. Seitheben vorgebeugt
Die klassische Übung zur Entwicklung der hinteren Köpfe der Schultermuskeln, allerdings wenig effektiv zur Entwicklung von Muskelmasse in der Schulterregion. Wegen der guten Isolation der trainierten Schulterpartie kann nur sehr geringes Gewicht verwendet werden. Wer schwere Ruderbewegungen vorgebeugt oder sitzend trainiert, kann sich diese Übung sparen. Die hinteren Köpfe der Schultermuskeln werden dabei viel stärker gefordert, als es beim vorgebeugten Seitheben jemals möglich wäre.

Die Ausführung entspricht dem Seitheben, doch der Oberkörper wird soweit vorgebeugt, bis er sich parallel zum Boden befindet; das geschieht am besten sitzend. Die Arme müssen wäh-

novagenics 7. Frontheben

Voller Einsatz des vorderen Deltamuskels. Hinterer und seitlicher Kopf der Schultermuskeln sowie der Trapez werden weniger gefordert.

rend der Aufwärtsbewegung leicht nach vor gedreht werden (so, als würden Sie zwei Kannen halten, aus denen Sie Wasser ausgießen), damit die Zielregion optimal kontrahieren kann.

6b. Seitheben vorgebeugt am Kabel

Für diese Übung gilt dasselbe, wie schon zuvor beim vorgebeugten Seitheben mit Kurzhanteln erwähnt. Am Kabelzug bringt diese Übung allerdings noch weniger.

7. Frontheben

Hier eigentlich nur der Vollständigkeit halber aufgeführt. Obwohl das Frontheben zu den klassischen Übungen für die Schulter zählt, ist von seiner Ausführung abzuraten. Dabei wird nämlich die vordere Schultermuskulatur gut isoliert und entsprechend gefordert. Doch gerade deswegen kann nur sehr wenig Gewicht verwendet werden, was die Effektivität stark einschränkt.

Überdies müssen die vorderen Deltamuskeln bereits bei allen anderen Drückbewegungen kräftig mithelfen; wer also neben Bankdrücken für die Brust und Military Press, bzw. Nackendrücken für die Schultern auch noch Frontheben trainiert, darf sich nicht wundern, wenn seine Schultern nicht wachsen wollen. Die Muskeln der Schulter sind relativ klein und werden durch Drückbewegungen mit schweren Langhanteln bereits ausreichend belastet; die Grenze zum Übertraining ist schneller erreicht, als man denkt.

Die Muskelköpfe des Bizeps

- **Bizeps brachii** (vorderer und innerer Kopf, die obere Partie dieses Muskels beugt den Ellbogen und hebt den Arm zur Schulter. Die untere Partie dreht die Hand.)
- **Brachialis** (der äußere Kopf, ist an beiden Bewegungen beteiligt)

Übungen für den Bizeps

Übungen, Auflistung nach Effektivität für die Muskelentwicklung des Bizeps:

- Klimmzüge mit engem Untergriff
- Klimmzüge mit schulterweitem Untergriff
- Schwere Ruderübungen

1. Langhantelcurl
2. Kurzhantelcurl stehend

3a. Scottcurl
3b. Scottcurl am Kabel
4. Kurzhantelcurl
5a. Konzentrationscurl stehend
5b. Konzentrationscurl sitzend
5c. Konzentrationscurl am Kabel

Das Bizepstraining zählt zu den Favoriten der meisten Bodybuilder. Leider übersehen sie dabei nur zu oft, daß die Bizepse relativ kleine Muskeln sind, die leicht übertrainiert werden können. Ein überforderter Muskel kann aber nicht wachsen. Trainieren Sie die Bizepse also besser mit wenigen Sätzen kurz und hart, statt ihr Wachstum durch zu viele Sätze zu gefährden. Vergessen Sie nicht, daß die Bizepse bereits bei allen schweren Zug- und Ruderübungen für den Rücken maßgeblich beteiligt sind. Schweres Rückentraining, vor allem Klimmzüge mit Untergriff (oder Latziehen, wenn Sie dafür noch nicht stark genug sind) sind in Bezug auf die Trainingswirkung für den Bizeps sogar noch besser als der

Beste Übung für die Bizepse: Klimmzüge mit engem Untergriff (siehe »Rücken«, Seite 21)

Zweitbeste Übung für die Bizepse: Klimmzüge mit schulterweitem Untergriff (siehe »Rücken«, Seite 20f)

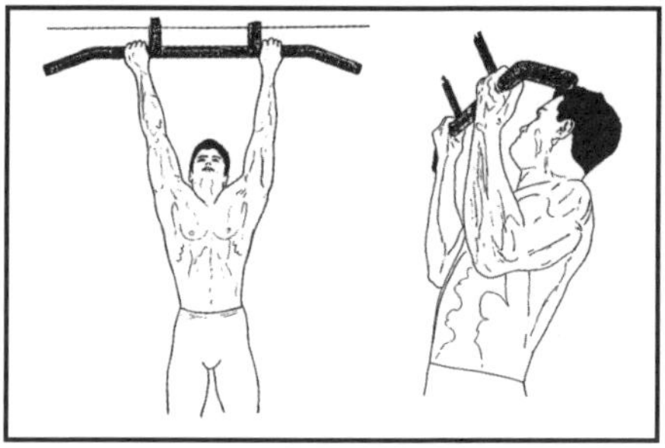

Drittbeste Übung für die Bizepse: Rudern vorgebeugt, Langhantel mit Untergriff (siehe »Rücken«, Seite 22f)

Langhantelcurl, da mehr Gewicht eingesetzt werden kann. Entsprechend steht der Klimmzug mit Untergriff ganz vorn auf der Liste der effektivsten Übungen für den Bizeps.

Doch auch die Curlbewegung ist nicht so simpel, wie viele Bodybuilder glauben. Jeder weiß, daß der Bizeps den Unterarm beugt. Doch kaum jemand kennt die wichtigste Funktion dieses Oberarmmuskels: die Supination, oder das Drehen der Handfläche nach oben. Am rechten Arm dreht der Bizeps die Hand im Uhrzeigersinn; am linken Arm gegen den Uhrzeigersinn.

Beugen Sie doch einmal Ihren Unterarm soweit wie möglich gegen den Oberarm, während die Handfläche nach oben zeigt. Fühlen Sie mit der anderen Hand den Bizeps: Sie werden feststellen, daß der Bizeps nicht richtig kontrahiert, obwohl der Arm voll gebeugt wurde. Mit anderen Worten, der Bizeps hat nur einen Teil seiner Funktion ausgeübt.

Wenn Sie aber nun die Handfläche des gebeugten Arms nach innen drehen, dann fühlen Sie, wie der Bizeps voll kontrahiert. Eine komplette Kontraktion des Bizeps geschieht also nur mit einer Drehung der Hand und des Unterarms. Deshalb können Sie auch mit Untergriff mehr Gewicht curlen, als mit Obergriff. Bei reversen Curls, bei denen die Hantel mit Obergriff gehalten wird, kann der Bizeps keine Drehung ausführen und wird so von einer vollständigen Kontraktion abgehalten. Das heißt aber auch, daß nicht alle Muskelfasern des Bizeps zur Arbeit gezwungen werden.

Daher ist der Einsatz einer SZ-Stange für Bizeps-Curls auch nicht so effektiv. Bei der SZ-Stange werden die Hände in der Mittelstellung der Armdrehung fixiert und der Bizeps kontrahiert wiederum nicht richtig. Nur beim Einsatz einer geraden Stange für Curls, die mit Untergriff gehalten wird, müssen die Unterarme weitgehend nach außen gedreht werden. So werden die meisten Muskelfasern im Bizeps aktiviert.

Sie sollten also beim Training nach Möglichkeit immer die gerade Stange wählen, auch wenn Curls mit der SZ-Stange angenehmer auszuführen sind. Streng betrachtet, erleichtert sie die Übung. Doch die korrekte, wenn auch schwerere Ausführung einer Übung löst stärkere Wachstumsreize aus.

1. Langhantelcurl

Stehen Sie aufrecht und halten Sie eine beladene Langhantel mit etwa schulterweitem Untergriff vor dem Körper. Lassen Sie Ihre Schultern etwas nach vorn herabhängen, die Arme sind ganz durchgestreckt. Heben Sie nun das Gewicht durch Zug mit den Bizepsen bis auf Schulterhöhe, ohne mit dem Körper Schwung zu holen; die Oberarme bleiben dabei am Körper angelegt. Lehnen Sie sich dabei weder vor noch zurück, sondern halten Sie den Oberkörper so ruhig wie möglich. Wenn Sie das Gewicht wieder ablassen, strecken Sie auch die Arme wieder durch; so wird der Bizeps optimal gedehnt und kann danach besser kontrahieren.

Viele Bodybuilder mögen die vollständige Armstreckung gar nicht. Sie

novagenics 1. Langhantelcurl

Voller Einsatz des Bizeps, der seitliche Kopf wird nicht ganz so stark gefordert. Vordere Schulter und Trapez unterstützen. Zu einem geringeren Teil arbeiten auch die seitlichen und hinteren Schulterköpfe mit.

lassen das Gewicht vielmehr nur zu zwei Dritteln ab, um es dann bereits wieder anzuheben. Das erleichtert die Ausführung des Curls erheblich, aber es verschenkt den besten, weil effektivsten Teil der Bewegung. Wählen Sie lieber etwas weniger Gewicht, dafür aber die korrekte Ausführung der Übung; Ihre Bizepse werden es Ihnen mir rasantem Wachstum danken.

2. Kurzhantelcurl stehend

Wenn Sie beidseitige Kurzhantelcurls trainieren, sollten die Arme immer abwechselnd arbeiten. Wenn die Arme einzeln und nacheinander trainiert werden, kann mehr Gewicht verwendet werden; auch kommt dem jeweils trainierten Bizeps die volle Konzentration zugute.

Halten Sie in einer Hand eine Kurzhantel und stehen Sie aufrecht. Der zu trainierende Arm hängt seitlich herab, die Handfläche befindet sich an der Hüfte, der Daumen zeigt nach vorn. Pressen Sie den Ellbogen seitlich fest gegen die Hüfte und verändern Sie diese Position während der gesamten Bewegung nicht. Der freie Arm wird zur Stabilisierung des Oberkörpers in den Rücken gelegt. Heben Sie die Kurzhantel langsam bis auf Schulterhöhe. Supinieren Sie gleichzeitig die Hand, indem Sie während des Curls das Handgelenk nach außen drehen. Pausieren Sie einen Moment in der obersten Position, heben Sie aber dabei den Ellbogen nicht an, sonst wird die Belastung vom Bizeps genommen. Das Gewicht dann langsam wieder absen-

novagenics 2. Kurzhantelcurl stehend

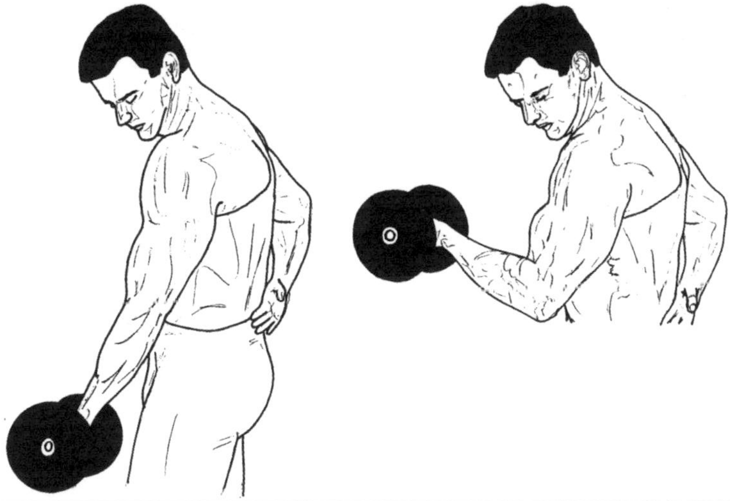

Voller Einsatz des Bizeps, der seitliche Kopf wird nicht ganz so stark gefordert. Die vorderen Schultern und der Trapez unterstützen. Die Rückenstrecker stabilisieren den Oberkörper.

novagenics 3a. Scott–Curl

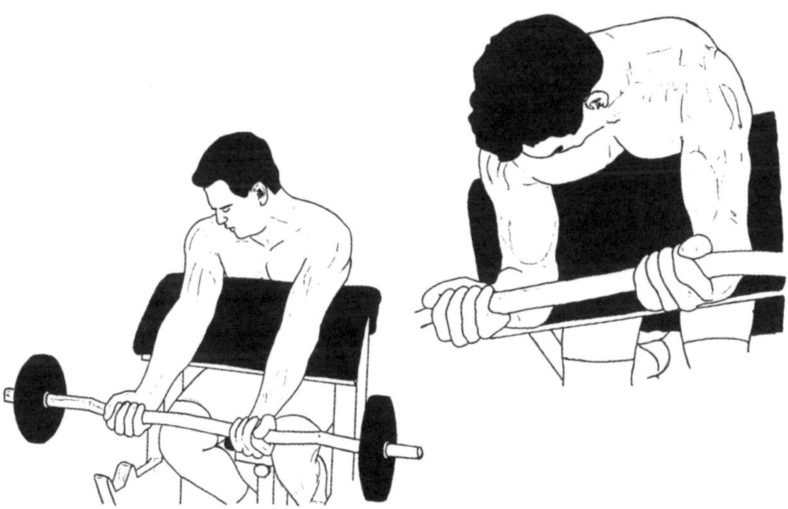

Voller Einsatz der Bizepse, die seitlichen Bizepsköpfe werden nicht ganz so stark gefordert. Die vorderen Schultern und der Trapez unterstützen, die seitlichen und hinteren Schulterköpfe arbeiten zu einem geringen Teil mit.

novagenics 3b. Scott–Curl am Kabel

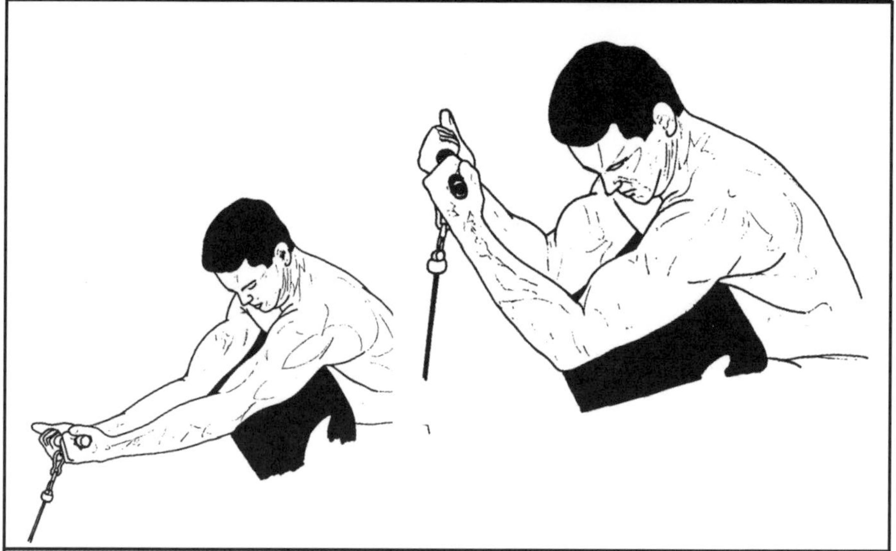

Voller Einsatz des Bizeps, der seitliche Kopf wird nicht ganz so stark gefordert. Die vorderen Schultern und der Trapez unterstützen.

ken, bis der Arm gestreckt ist und der Daumen nach vorn zeigt.

3a. Scottcurl

Die Bezeichnung geht auf den legendären Larry Scott zurück, der als erster Mr. Olympia diese Variante des Curls in den 60er Jahren bekannt machte. Curls an der Scottbank ermöglichen eine weitgehende Isolation der Bizepse, das bedeutet allerdings auch ein vermindertes Trainingsgewicht und verminderte Effektivität.

Setzen Sie sich an eine Scottbank und greifen Sie eine Langhantelstange mit schulterweitem Untergriff. Die obere Kante der Auflage sollte fast Ihre Achselhöhlen berühren, der Oberkörper wird aufrecht gehalten, die Brust ruht vorn auf dem Polster. Ziehen Sie nun die Hantelstange unter Einsatz der Bizepse hoch, bis in die Nähe der Nase. Verharren Sie einen Moment in der obersten Position und spannen Sie die Bizepse dabei voll an, bevor Sie die Hantel langsam wieder in die Ausgangsposition herablassen.

3b. Scottcurl am Kabel

Diese Variante des Scottcurls erlaubt noch weniger Gewicht; auch der Bewegungsspielraum ist durch den Kabelzug eingeschränkt. Scottcurls am Kabel eignen sich daher höchstens als kurze, letzte Übung des Bizepstrainings, um die bereits erschöpften Muskeln noch einmal abschließend zu belasten. Ausführung wie beim Scottcurl mit der Langhantel.

novagenics 4. Kurzhantel–Curl

Voller Einsatz des Bizeps und des seitlichen Kopfes (Brachialis). Die vordere Schulter unterstützt die Bewegung.

4. Kurzhantelcurl

Von der Effektivität her sind sitzende Kurzhantelcurls etwa in der Mitte der Skala einzuordnen. Klimmzüge, Rudern und alle anderen Curlbewegungen, bei denen mit beiden Armen gearbeitet wird, bauen den Bizeps viel schneller auf.

Setzen Sie sich auf das Ende einer Flachbank; rechts und links eine Kurzhantel in der Hand. Heben Sie abwechselnd die Gewichte durch Zug mit dem Bizeps zur Schulter. Kurzhantelcurls erlauben eine volle Supination der Hand und damit eine vollständige Bizepskontraktion, das sollten Sie unbedingt ausnutzen: Zu Beginn der Bewegung zeigt der Daumen der Griffhand nach vorn. Während Sie die Hantel anheben, drehen Sie den Unterarm langsam nach außen, so daß am Ende der Bewegung, in der obersten Position, der Daumen nach außen und vorn zeigt. Der Oberarm bleibt während der gesamten Bewegung unbewegt senkrecht. Wenn Sie den Oberarm nach vorn schieben, wird dem Bizeps, den Sie trainieren wollen, die Arbeit erleichtert.

5a. Konzentrationscurl stehend

Die Konzentrationscurls stehen am Schluß der Effektivitätsskala. Durch die weitgehende Isolation und die Ausführung mit einem Arm kann nur sehr wenig Gewicht eingesetzt werden. Der stehende Konzentrationscurl ist von allen noch die beste Variante: Hier verläuft die Bewegung optimal und ein Schwungholen mit dem Oberkörper ist

novagenics 5a. Konzentrationscurl stehend

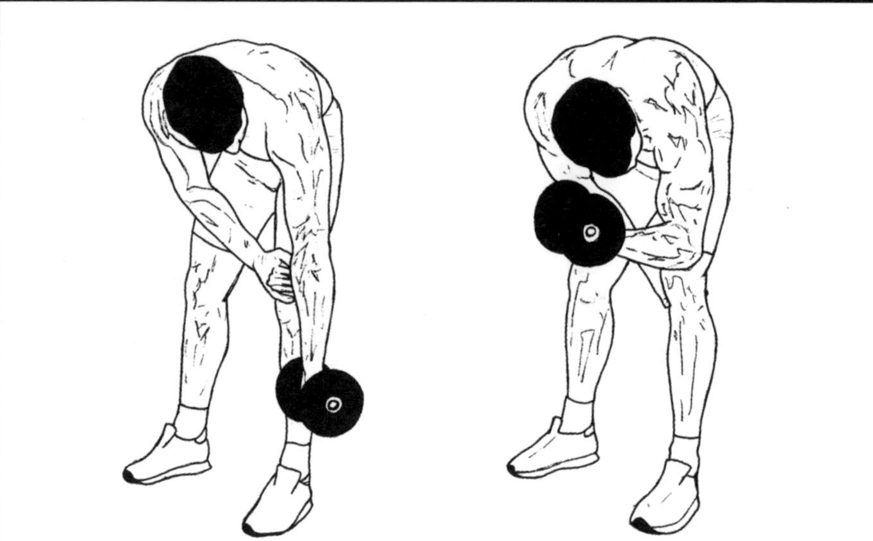

Voller Einsatz des Bizeps und des seitlichen Kopfes (Brachialis). Die vorderen Schultern unterstützen die Bewegung.

ausgeschlossen. Halten Sie eine Kurzhantel in der Hand, beugen Sie den Oberkörper in der Hüfte nach vorn und lassen Sie das Gewicht mit gestrecktem Arm herunter hängen. Führen Sie nun die Hantel durch Zug mit dem Bizeps nach außen zur Schulter hoch; Rumpf und Oberarm bewegen sich dabei nicht. In der oberen Position der Bewegung sollte die Griffhand, wie bei allen Kurzhantelcurls, wiederum nach außen gedreht werden. Spannen Sie den Bizeps in der oberen Position der Bewegung voll an, bevor Sie das Gewicht bis zur völligen Streckung des Arms wieder absenken.

Die korrekte Ausführung ist hier besonders wichtig: Wenn Sie die Hantel statt nach außen einwärts curlen, übernimmt der Brustmuskel dieser Körperseite die meiste Arbeit – von einer Konzentration auf den Bizeps ist dann nicht mehr viel zu spüren. Diese Übung ist zwar unbequem in der Ausführung, aber der erzielte Pump ist wirklich gut.

5b. Konzentrationscurl sitzend

Hier wird der Oberarm gegen das Bein abgestützt, daher leichter in der Ausführung, als der stehende Konzentrationscurl und auch nicht so effektiv wie dieser. Die Bewegung geht wieder nach außen zur Schulter hin, nicht einwärts, sonst hilft der Brustmuskel zuviel mit. Auch beim sitzenden Curl muß die Kurzhantel in der oberen Position nach außen gedreht sein, um die volle Kontraktion des Bizeps zu gewährleisten. Spannen Sie den Bizeps

novagenics 5b. Konzentrationscurl sitzend

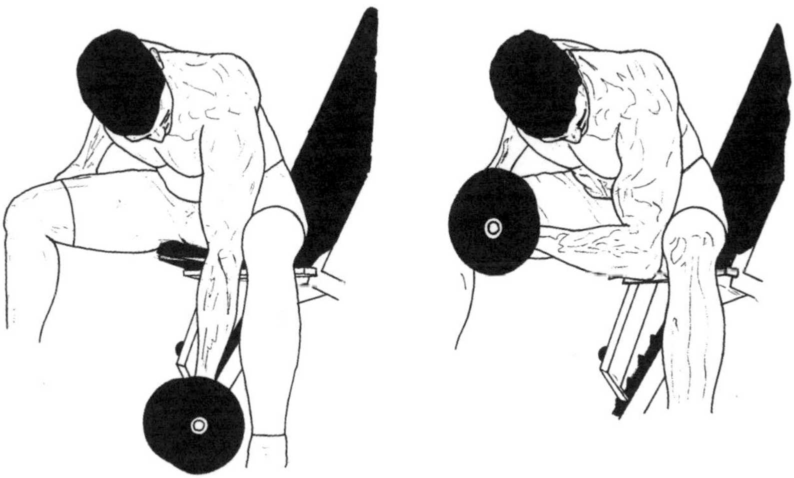

Voller Einsatz des Bizeps und des seitlichen Kopfes (Brachialis). Die vordere Schulter unterstützt die Bewegung.

novagenics 5c. Konzentrationscurl am Kabel

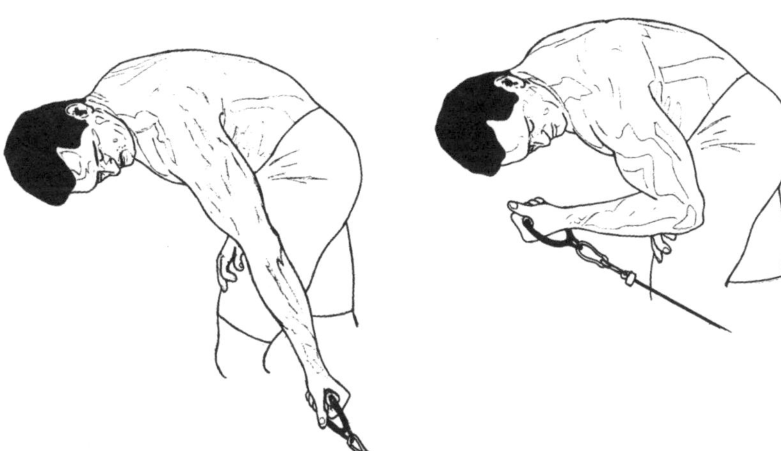

Voller Einsatz des Bizeps und des seitlichen Kopfes (Brachialis). Die vordere Schulter unterstützt die Bewegung.

in der oberen Position der Bewegung voll an, bevor Sie das Gewicht bis zur völligen Streckung des Arms wieder absenken.

5c. Konzentrationscurl am Kabel
Von allen Konzentrationscurls ist diese Variante die am wenigsten effektive für die Bizepsentwicklung, da in der oberen Position der Bewegung der Bizeps entlastet wird. Konzentrationscurls am Kabel können mit Einschränkung empfohlen werden als letzte Übung des Bizepstrainings, wenn der Muskel durch die vorangegangenen Übungen schon sehr erschöpft ist. Ausführung wie bei den anderen Kurzhantelcurls: Nach außen zur Schulter hin ziehen und den Unterarm dabei nach außen drehen.

*

Die Muskelköpfe des Trizeps
- **Lateraler Kopf** (äußerer Kopf, streckt den Unterarm am Ellbogengelenk)
- **medialer Kopf** (mittlerer Kopf, streckt den Unterarm am Ellbogengelenk, zieht und streckt die Schulter)
- **innerer Kopf** (streckt den Unterarm am Ellbogengelenk)

Übungen für den Trizeps
Übungen, Auflistung nach Effektivität für die Muskelentwicklung des Trizeps:
- Bankdrücken
- Schrägbankdrücken
- Schrägbankdrücken mit Kurzhanteln
- Military Press
- Nackendrücken

1. Stirndrücken

2a. Trizepsdrücken am Kabel mit Obergriff
2b. Trizepsdrücken am Kabel mit Obergriff, alternierend
2c. Trizepsdrücken am Kabel mit Untergriff
3. Liegestütz am Holm
4a. Trizepsdrücken über Kopf
4b. Trizepsdrücken über Kopf mit Kurzhantel
5. Trizepsdrücken am Seil
6. Trizeps-Kickbacks

Die Trizepse werden bei allen Drückbewegungen über Kopf (Bankdrücken in jeder Form, Military Press, Nackendrücken) schon stark gefordert und eigentlich besser trainiert, als es mit reinem Trizepstraining möglich wäre,

Beste Übung für die Trizepse: Bankdrücken (siehe »Brust«, Seite 30f)

Zweitbeste Übung für die Trizepse: Schrägbankdrücken (siehe »Brust«, Seite 32f)

Drittbeste Übung für die Trizepse: Schrägbankdrücken mit Kurzhanteln (siehe »Brust«, Seite 33f)

ganz einfach, weil mehr Gewicht im Spiel ist, wenn die Brust oder die Schultern mithelfen. Obwohl der Trizeps nicht so schnell übertrainiert werden kann, wie etwa Schultern oder Bizepse, so ist doch Vorsicht angebracht.

Viertbeste Übung für die Trizepse: Military Press (siehe »Schultern«, S.

Fünftbeste Übung für die Trizepse: Nackendrücken (siehe »Schultern«, Seite 41)

1. Stirndrücken

Im Englischen treffend »Nosebreaker« (Nasenbrecher) genannt, ist diese unbequeme Bewegung die beste reine Trizepsübung.

Halten Sie eine Langhantel mit engem Obergriff und legen Sie sich rücklings auf eine Bank, so daß der Kopf über das Ende der Bank hinausragt. Auf diese Weise kann die Hantel tiefer zur Stirn hin abgesenkt werden und die Trizepse werden besser gedehnt. Halten Sie die Ellbogen eng zusammen, wenn Sie die Hantel vorsichtig so weit absenken, bis die Knöchel der Hände Ihre Stirn berühren. Die Oberarme werden dabei nicht bewegt, nur

novagenics 1. Stirndrücken (Nosebreaker)

Voller Einsatz aller drei Köpfe des Trizeps, der Latissimus und die Sägemuskeln unterstützen die Bewegung.

die Unterarme senken sich soweit, daß die Hantelstange die Stirn fast berührt. Knicken Sie die Handgelenke dabei nicht nach hinten ab, sonst kontrahiert der Trizeps nicht optimal. Dann ziehen Sie das Gewicht mit den Trizepsen bis zur völligen Streckung der Arme wieder hoch.

In der oberen Position der Bewegung sind die durchgestreckten Arme leicht nach hinten, zum Kopf hin geneigt; das Gewicht befindet sich über dem Kopf, nicht über den Schultern. So wird die Belastung auf die Trizepse erhöht, denn wenn die Arme senkrecht nach oben zeigen, ruht das Gewicht auf den ausgestreckten Armen und der Trizeps wird entlastet.

2a. Trizepsdrücken am Kabel mit Obergriff

Diese Übung trainiert besonders den hinteren und äußeren Trizepskopf, sie erlaubt ein recht hohes Gewicht, doch darf man sich bei der Bewegung nicht nach vorn lehnen, wie es viele Bodybuilder gern tun. Reduzieren Sie lieber das Gewicht ein wenig und führen Sie die Übung korrekt aus: Die Oberarme werden leicht vorgestreckt und das Ellbogengelenk als »Scharnier« benutzt, nur die Unterarme bewegen sich. Greifen Sie die Stange mit engem Griff und drücken Sie sie nach unten, bis die Arme ganz gestreckt sind.

Die Arme werden in der Endstellung immer noch vom Körper weggehalten, auf diese Weise wird die Belastung auf die Trizepse enorm erhöht.

novagenics 2a. Trizepsdrücken am Kabel mit Obergriff

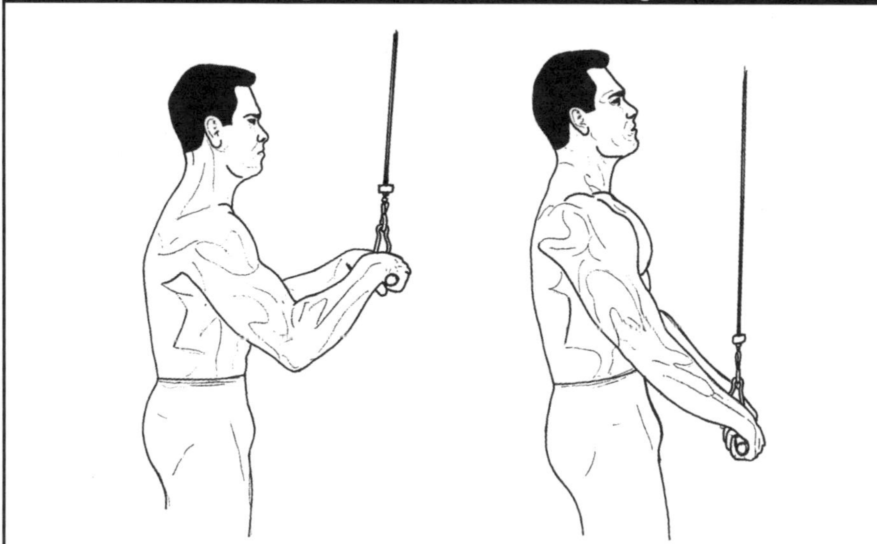

Voller Einsatz aller drei Köpfe des Trizeps. Latissimus, Bauch- und Sägemuskeln unterstützen die Bewegung eingeschränkt. Auch die Brustmuskeln werden mit einbezogen, sie kontrahieren in der unteren Position voll.

novagenics 2b. Trizepsdrücken am Kabel mit Obergriff, alternierend

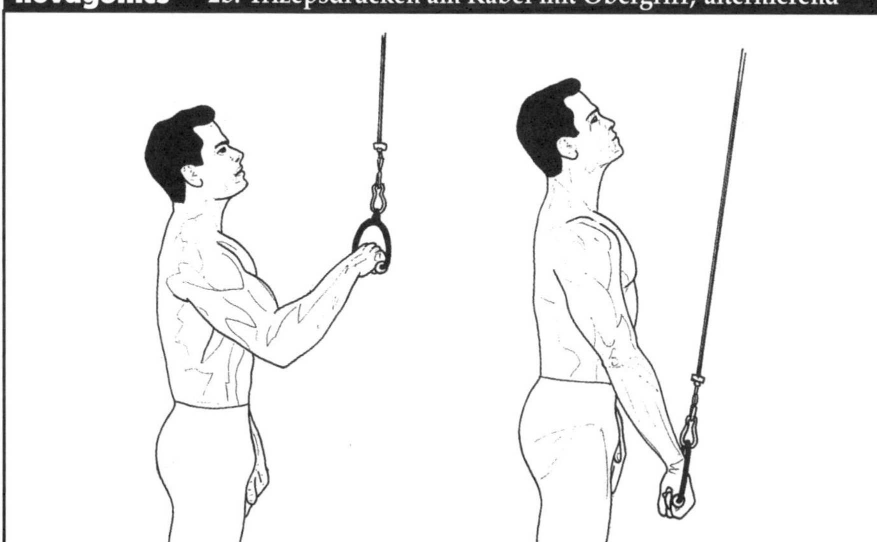

Auf der trainierten Seite: Voller Einsatz aller drei Köpfe des Trizeps, der Latissimus, der hintere und der seitliche Deltamuskel unterstützen eingeschränkt, Bauchmuskeln und Sägemuskeln stabilisieren die Bewegung.

novagenics 2c. Trizepsdrücken am Kabel mit Untergriff

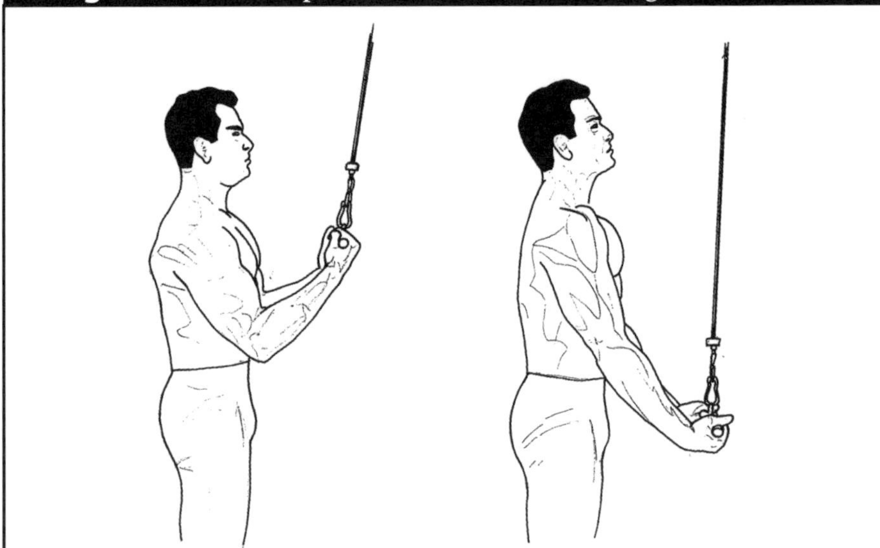

Voller Einsatz aller drei Köpfe des Trizeps, die Hauptlast liegt jedoch auf dem äußeren Trizepskopf. Die hinteren Deltamuskeln und der Latissimus unterstützen, Bauchmuskeln und Sägemuskeln stabilisieren die Bewegung.

Gleichzeitig werden die Handgelenke nach unten abgeknickt, so kann der Trizeps voll kontrahieren. Die Brustmuskeln kontrahieren dabei automatisch mit. Wenn Sie sich aber vorlehnen und die Arme senkrecht halten, wird in der Schlußphase der Bewegung die Belastung von den Trizepsen genommen, da nicht sie das Gewicht halten, sondern der gesamte Oberkörper diese Aufgabe übernimmt.

2b. Trizepsdrücken am Kabel mit Obergriff, alternierend

Wie zuvor, nur für jeden Arm einzeln als Konzentrationsübung ausgeführt. Diese Übung ist nicht so effektiv wie das beidarmige Trizepsdrücken, da weniger Gewicht eingesetzt wird.

2c. Trizepsdrücken am Kabel mit Untergriff

Diese Übung erlaubt kein so hohes Gewicht, wie die beidhändige Variante mit Obergriff. Sie wird ebenso ausgeführt, doch wird mit Untergriff gefaßt und das Handgelenk in der unteren Position der Bewegung nach hinten abgeknickt, so kann der äußere Trizepskopf voll kontrahieren.

3. Liegestütz am Holm

Eine eher unbekannte, aber recht effektive Trizepsübung. Sie können dafür eine Hantelstange auf die Ablagen einer Scott-Bank legen. Hier wird kein Gewicht benötigt, allein das Körpergewicht reicht aus. Durch das Abstützen auf einer erhöhten Stange kommt es zu einer sehr guten Dehnung der Tri-

novagenics 3. Liegestütz am Holm

Voller Einsatz aller drei Köpfe des Trizeps, die Hauptlast liegt aber auf dem mittleren und inneren Kopf. Der Latissimus, die vorderen und die seitlichen Deltamuskeln unterstützen.

novagenics 4a. Trizepsdrücken über Kopf

Voller Einsatz aller drei Köpfe des Trizeps, der Latissimus sowie die hinteren und seitlichen Deltamuskeln unterstützen eingeschränkt. Bauchmuskeln und Sägemuskeln stabilisieren die Bewegung.

novagenics 4b. Trizepsdrücken über Kopf mit Kurzhantel

Auf der trainierten Seite: Voller Einsatz aller drei Köpfe des Trizeps, Latissimus, der hintere und der seitliche Deltamuskel unterstützen eingeschränkt, Bauchmuskeln und Sägemuskeln stabilisieren die Bewegung.

zepse, die anschließend vollständig kontrahieren können. Je weiter Sie die Füße nach hinten stellen, desto schwerer wird die Übung. Nehmen Sie die Ausgangsstellung ein, indem Sie etwa schulterweit greifen und den Oberkörper so weit herablassen, bis das Kinn die Stange berührt. Die Fersen kommen dabei vom Boden ab und Sie stehen auf den Zehenspitzen. Dann drükken Sie sich mit den Armen kraftvoll nach hinten und oben, bis die Arme vollständig gestreckt sind. Halten Sie dabei die Arme immer parallel und führen Sie die Ellbogen beim Heruntergehen nicht nach außen, sondern nach unten, sonst verringern Sie die Belastung der Trizepse.

4a. Trizepsdrücken über Kopf

Von der Effektivität her am unteren Ende der Skala angesiedelt, läßt sich diese Übung am besten mit einer SZ-Stange ausführen. Sie erlaubt zwar kein hohes Gewicht, dafür aber eine sehr gute Dehnung der Trizepse in der Ausgangsstellung. Setzen Sie sich auf eine Bank und halten Sie die Hantelstange in der Mitte, mit etwa einer Handbreit Platz zwischen den Daumen. Drücken Sie die Hantel bis zur Streckung der Arme über den Kopf. Senken Sie das Gewicht hinter dem Kopf ab, ohne die Oberarme zu bewegen. Wenn eine volle Dehnung der Trizepse erreicht ist, drücken Sie die Hantel wieder über Kopf. Die Ellbogen sollten stets eng zusammen gehalten werden, das erhöht die Belastung der Trizepse.

novagenics 5. Trizepsdrücken am Seil

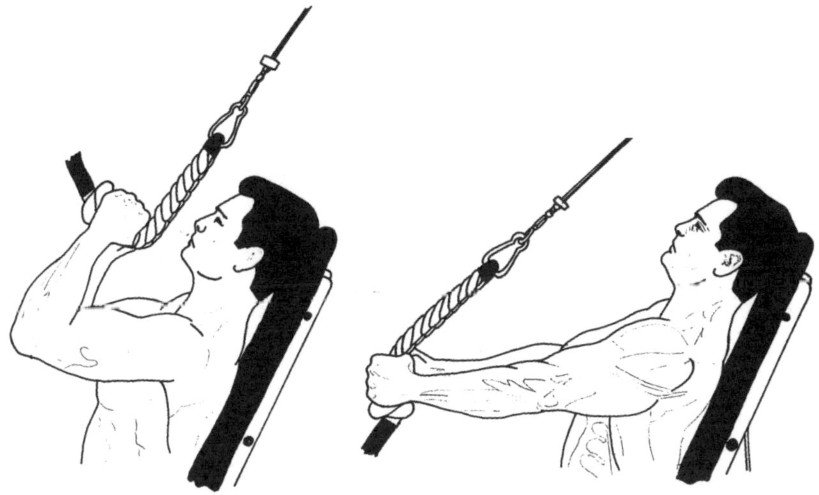

Voller Einsatz aller drei Köpfe des Trizeps, die Hauptlast liegt aber auf dem mittleren und inneren Kopf. Der Latissimus und die hinteren Deltamuskeln unterstützen.

novagenics 6. Trizeps–Kickbacks

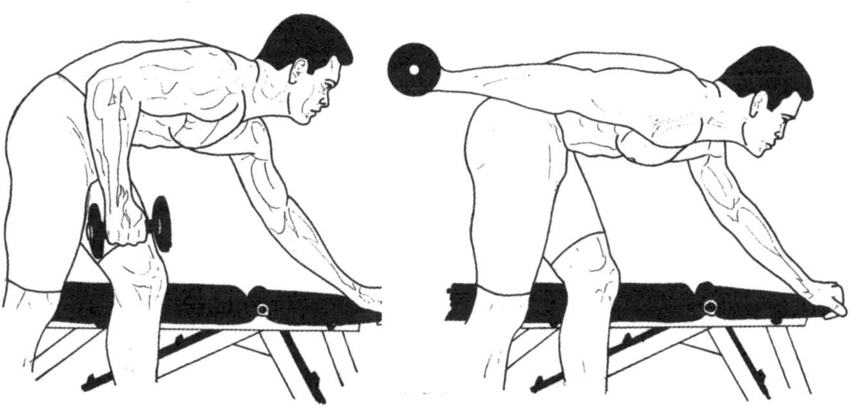

Auf der trainierten Seite: Voller Einsatz aller drei Köpfe des Trizeps, allein die hintere Schulter unterstützt ein wenig.

4b. Trizepsdrücken über Kopf mit Kurzhantel

Eine Konzentrationsübung, die abwechselnd für jeden Arm ausgeführt wird. Sie erlaubt nur geringstes Gewicht und ist deshalb als wenig effektiv einzustufen. Die Kurzhantel wird so weit wie möglich hinter dem Kopf herabgelassen und dann mit Hilfe des Trizeps angehoben, bis der Arm vollständig gestreckt ist. Für diese Übung besser wenig Gewicht verwenden und sie als letzte in das Trizepstraining einbauen.

5. Trizepsdrücken am Seil

Diese Übung kann stehend oder sitzend ausgeführt werden. Die sitzende Variante erlaubt allerdings nur geringes Gewicht und ist daher wenig effektiv. Stehend kann mehr Gewicht eingesetzt werden, damit steigt auch die Effektivität für die Trizepsentwicklung.

Trizepsdrücken am Seil belastet den inneren Kopf des Trizeps am stärksten, der bei den anderen Trizepsübungen nicht so stark gefordert wird. Fassen Sie das Seil mit festem Griff und halten Sie die Hände dicht beieinander, so daß sich die Handballen berühren. In der Ausgangsstellung winkeln Sie die Arme an; die Oberarme werden starr gehalten. Die Ellbogen dienen wieder als »Scharnier«, nur die Unterarme bewegen sich. In der Endposition der Bewegung sollten Sie eine deutliche Kontraktion der inneren Trizepsköpfe spüren.

Wird diese Übung stehend ausgeführt, gilt dasselbe, wie beim Trizepsdrücken am Kabel: Den Oberkörper aufrecht halten und die Arme in der kontrahierten Position etwas vom Körper weghalten, sonst hilft der Oberkörper zuviel mit.

6. Trizeps-Kickbacks

Diese Konzentrationsübung erlaubt von allen Trizepsübungen das geringste Gewicht, da sie den Zielmuskel sehr gut isoliert. Verglichen mit den schweren Übungen trägt sie kaum zum Muskelwachstum des Trizeps bei.

Nehmen Sie eine Kurzhantel in die Hand und beugen Sie den Oberkörper vor, bis er sich parallel zum Boden befindet. Halten Sie den Oberarm am Körper, der Unterarm hängt im 90°-Winkel herab. Strecken Sie nun durch Kontraktion des Trizeps den Arm, bis sich Ober- und Unterarm am höchsten Punkt der Bewegung parallel zum Boden befinden. Die Griffhand wird während der Aufwärtsbewegung einwärts gedreht, so daß die Handfläche am Ende der Bewegung nach oben zeigt. So wird auch der innere Kopf des Trizeps belastet. Senken Sie die Hantel wieder ab, ohne den Oberarm zu bewegen. Wenn Sie einen Satz beendet haben, wechseln Sie zum anderen Arm.

*

Die Muskeln der Bauchregion

- **Rectus abdominis** (der gerade Bauchmuskel, die »gerippte« Partie)
- **Obliquus externus abdominis** (die seitlichen Bauchmuskeln)
- **Interkostalmuskeln** (die Zwischenrippenmuskeln, unterhalb der Brust)
- **Serratus anterior** (die Sägemuskeln vor dem Latissimus. Alle vier Muskeln dienen dazu, den Rumpf zu beugen, d.h. den Oberkörper in Richtung des Beckens zu ziehen.)

Übungen für den Bauch

Übungen, Auflistung nach Effektivität für die Muskelentwicklung des Bauches:

1. Beinheben
2. Bauchpressen (Crunch)
3. Bauchpressen an der Bank

Die Bauchmuskeln stabilisieren bei vielen schweren Übungen. Deshalb sollten sie nicht vor dem Training der anderen Körperpartien belastet werden, sondern am Ende der Trainingseinheit. Wer großen Wert auf eine schlanke Taille legt, sollte auf das beliebte Seitbeugen verzichten; vor allem auf die Ausführung mit Gewicht. Diese Bewegung fordert die äußeren Bauchmuskeln sehr stark und deren Wachstum prägt einen unschönen »Wulst« über den Hüftknochen links und rechts außen aus.

Entgegen herkömmlicher Meinung sind Sit-Ups nicht die beste Übung für die Bauchmuskeln. Die Bauchmuskeln dienen dazu, den Oberkörper in Richtung des Beckens zu ziehen. Sie werden am stärksten belastet, wenn der Oberkörper nicht starr gehalten wird, wie bei Sit-Ups, sondern bis zur vollen Kontraktion der Bauchmuskeln »eingerollt« wird.

Einige Sätze der nachfolgend aufgeführten, schweren Bauchübungen pro Trainingseinheit reichen aus, um Ihre Bauchmuskeln vollständig zu entwikkeln. Diese Muskelgruppe sollte ebenso trainiert werden, wie alle anderen Muskeln auch, die Sie zum Wachsen bringen wollen, nämlich kurz und hart. Viele Sätze und viele Wiederholungen erlauben dagegen keine volle Konzentration auf die Ausführung einer Übung, das schmälert die Effektivität für das Muskelwachstum. Selbst der Nutzen für den Fettabbau in der Taillenregion ist verschwindend gering. Wenn Sie Fett am Bauch abbauen möchten, empfiehlt es sich eher, eine Diät und ein moderates aerobes Training aufzunehmen, das zeigt viel schneller die gewünschten Ergebnisse.

1. Beinheben

Diese Übung läßt sich am Dipbarren ausführen, oder an der Klimmzugstange. Wichtig ist dabei, daß die Beine frei herabhängen und der Rücken nicht angelehnt wird; das steigert die Effektivität der Übung. Im Dipbarren halten Sie die Beine geschlossen, dann heben Sie sie langsam an, bis sie sich parallel zum Boden befinden und senken Sie langsam wieder ab.

Für die Ausführung an der Klimm-

novagenics 1. Beinheben

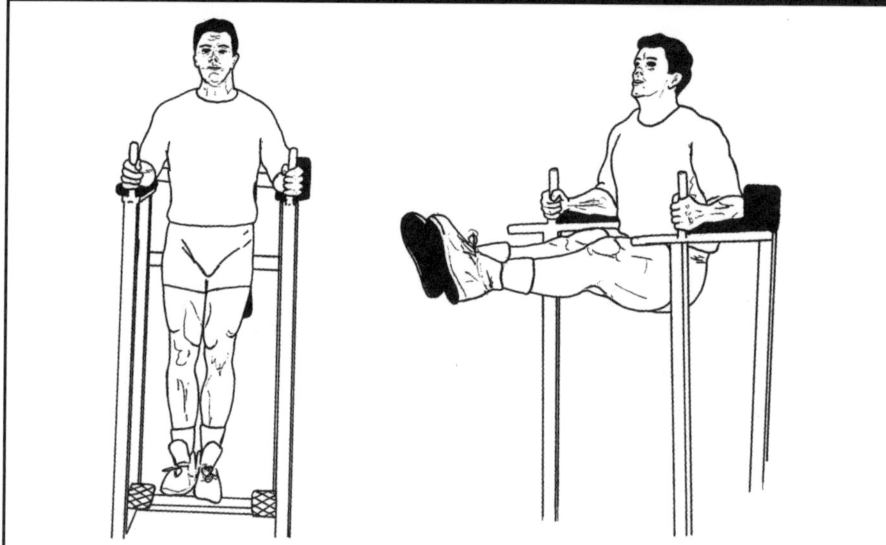

Voller Einsatz der seitlichen und des geraden Bauchmuskels, wobei die Belastung für die untere Partie des geraden Bauchmuskels hier am größten ist. Der Sägemuskel, die Hüften und die vorderen Oberschenkel unterstützen.

zugstange empfiehlt sich die Verwendung von Zughilfen wie Zugriemen, am Handgelenk zu befestigenden Metallhaken oder der Einsatz von Armschlaufen, wie dem Novagenics-Bauchtrainer. Die Hände ermüden sonst einfach zu schnell und Sie müssen den Griff lösen, bevor die Bauchmuskeln richtig gefordert werden.

An der Klimmzugstange werden die Beine ebenfalls geschlossen gehalten, hier können sie entweder ausgestreckt angehoben werden, noch besser werden die Beine aber bei der Aufwärtsbewegung angewinkelt und die Knie zur Brust geführt. Runden Sie dabei den unteren Rücken, indem Sie das Becken nach vorn und oben schieben. Verharren Sie kurz in der obersten Position und spannen Sie dabei die Bauchmuskeln fest an. Gehen Sie anschließend langsam in die Ausgangsposition zurück, bis die Beine wieder frei herabhängen.

Beinheben ist eine sehr schwere Übung und mit Abstand das beste Trainig für die unteren und oberen Bauchmuskeln. Wenn Sie Probleme mit der korrekten Ausführung haben, sollten Sie erst eine zeitlang Bauchpressen trainieren, bis Ihre Bauchmuskeln kräftig genug für diese Übung sind.

2. Bauchpressen

Legen Sie sich rücklings auf den Boden und verschränken Sie die Hände hinter dem Kopf. Pressen Sie Ihr Kinn auf die Brust. Verankern Sie die Füße nicht unter irgendeinem Gegenstand und lassen Sie sich auch nicht von ei-

Voller Einsatz der seitlichen und des geraden Bauchmuskels, wobei die Belastung für die obere Partie des geraden Bauchmuskels größer ausfällt. Der Sägemuskel und die Hüften unterstützen.

nem Trainingspartner die Knie festhalten, sondern beginnen Sie die Bewegung aus einer Position, in der die Beine geschlossen und leicht angewinkelt gehalten werden (wenn Sie Ihre Füße flach auf dem Boden verankern, werden die unsichtbaren Hüftflexoren stärker beansprucht, als die Bauchmuskeln).

Der Rücken wird in der Ausgangsstellung leicht im Hohlkreuz gehalten, so werden die Bauchmuskeln stärker gedehnt und können anschließend besser kontrahieren. Ziehen Sie jetzt durch Kontraktion der Bauchmuskeln gleichzeitig die Schultern in Richtung Becken und die Knie zur Brust; dabei heben sich die Hüften einige Zentimeter vom Boden ab. Auf diese Weise wird sowohl die untere, als auch die obere Partie der Bauchmuskeln gefordert. Herkömmliche Sit-Ups mit fixierten Beinen belasten dagegen vornehmlich die obere Partie der Bauchmuskeln. Halten Sie die Kontraktion der Bauchmuskeln für einen Augenblick, bevor Sie in die Ausgangsposition zurückkehren. Wenn Sie die Übung korrekt ausführen, spüren Sie eine intensive Kontraktion im gesamten Bauchmuskel (Rectus abdominis).

Bauchpressen ist ebenfalls ziemlich schwer, ein Zusatzgewicht ist kaum vonnöten. Die Intensität läßt sich noch steigern, wenn die Kontraktion der Bauchmuskeln bei jeder Wiederholung einige Sekunden lang gehalten wird.

3. Bauchpressen an der Bank

Diese Übung ist von den drei hier ge-

novagenics 3. Bauchpressen an der Bank

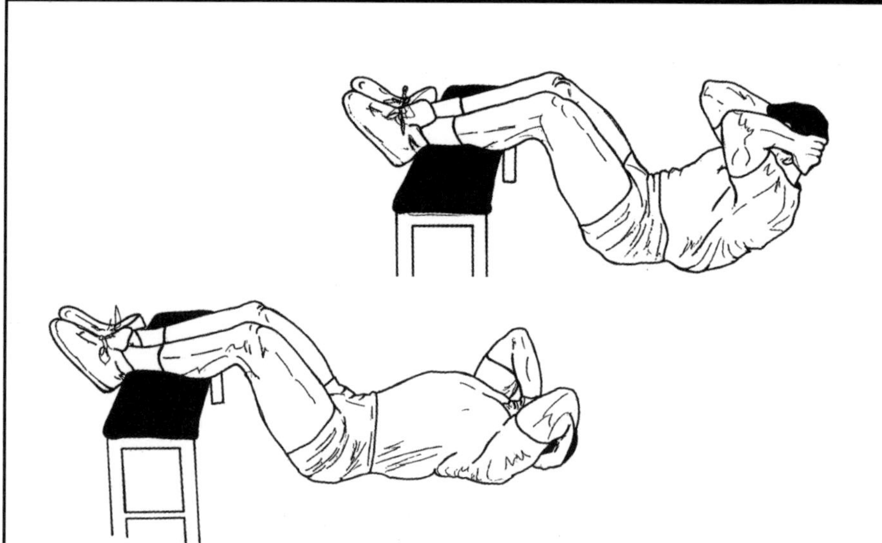

Voller Einsatz der seitlichen und des geraden Bauchmuskels, wobei die Belastung für die obere Partie des geraden Bauchmuskels größer ausfällt. Der Sägemuskel unterstützt.

nannten die am wenigsten effektive; sie sollte daher stets nach Beinheben oder Bauchpressen ausgeführt werden, wenn die Bauchmuskeln bereits vorerschöpft sind. So läßt sich das Meiste aus dieser Übung herausholen. Es werden vor allem die oberen Bauchmuskeln gefordert.

Legen Sie sich rücklings auf den Boden, die Unterschenkel ruhen auf einer Bank (die Oberschenkel sollten sich im Winkel von 90° zum Körper befinden). Drücken Sie nun das Kinn auf die Brust, und ziehen Sie mit den Bauchmuskeln den Brustkorb in Richtung Becken – soweit, daß die Schultern vom Boden abheben. Atmen Sie dabei aus und spannen Sie die Bauchmuskeln in der kontrahierten Stellung einige Sekunden fest an. Entspannen Sie und lassen Sie die Schultern auf den Boden zurücksinken.

*

Die Muskeln der Beine

Vordere Oberschenkel

- **Rectus femoris** (oberer Quadrizeps, beugt die Hüfte und streckt das Bein am Knie)
- **Vastus lateralis** (äußerer Quadrizeps, streckt das Bein am Knie)
- **Vastus intermedialis** (liegt hinter dem oberen Quadrizeps, streckt das Bein am Knie)
- **Vastus medialis** (innerer Quadrizeps, streckt das Bein am Knie)

Hintere Oberschenkel

- **Bizeps femoris** (äußerer Kopf des Beinbizeps)
- **Semimembranosus** (mittlerer Kopf des Beinbizeps)
- **Semitendinosus** (innerer Kopf des Beinbizeps, alle drei Köpfe ziehen den Unterschenkel nach hinten und heben das Bein an der Hüfte)

Gesäß

- **Gluteus maximus** (großer Gesäßmuskel, hebt das Bein an der Hüfte und dreht die Hüfte nach außen)

Waden

- **Gastrocnemius** (mit innerem und äußerem Kopf, streckt den Fuß)
- **Soleus** (der lange Wadenmuskel, zieht den Fuß an)

Übungen für die Beine

Übungen, Auflistung nach Effektivität für die Muskelentwicklung der Beine:

1. Kniebeuge
2. Kreuzheben
3. Beinstrecken
4. Beincurls
5. Wadenheben
6. Eselreiten (Donkey Calf Raise)

Viele Bodybuilder vernachlässigen das Beintraining. Dabei vergeben sie die größte Chance auf ein schnelles Muskelwachstum am ganzen Körper. Die Muskeln des Oberschenkels und des Gesäßes zählen zu den größten des Körpers, entsprechend nachhaltig ist der Trainingseffekt, wenn sie mit schwerem Gewicht belastet werden. Vor allem Kniebeugen und Kreuzheben sind für jeden Kraftsportler, der schnell Muskeln aufbauen möchte, ein absolutes Muß. Da bei beiden Übungen viel Gewicht eingesetzt werden kann und fast alle anderen Muskeln des Körpers unterstützend oder stabilisierend an der Bewegung beteiligt sind, weiß der erfahrene Athlet, daß so nicht nur der Unterkörper und der Rücken trainiert wird, auch das Muskelwachstum von Armen, Schultern und Brust wird angeregt.

1. Kniebeuge

Die beste Grundübung überhaupt. Nach Dr. Randall Strossen, Autor des Buches »Super Kniebeugen«, hat die Kniebeuge in der Geschichte des Kraftsports mehr Muskelmasse aufgebaut, als alle anderen Übungen zusammen.

Stellen Sie sich vor den Kniebeugenständer und fassen Sie die Hantelstange mit schulterweitem Obergriff.

Voller Einsatz von Quadrizepsen und Gesäßmuskeln, die Rückenstrecker und die Beinbizepse unterstützen kräftig. Auch alle anderen Muskeln des Körpers arbeiten mehr oder weniger stark mit.

Dann schreiten Sie unter die Langhantel und plazieren die Stange so, daß sie im Nacken und auf den Schultern aufliegt. Heben Sie die Hantel aus der Ablage und gehen Sie vorsichtig einen Schritt zurück.

Nehmen Sie einen sicheren Stand ein, die Füße etwa zehn Zentimeter mehr als schulterweit auseinander und die Fußspitzen leicht nach außen gerichtet. Stehen Sie aufrecht, legen Sie den Kopf zurück in den Nacken. Fixieren Sie einen Punkt in Kopfhöhe an der Wand mit den Augen. Während der Abwärtsbewegung bleibt Ihr Blick auf diesen Punkt gerichtet; auf diese Weise nehmen Sie automatisch die richtige Haltung ein. Atmen Sie tief ein und halten Sie die Luft an. Gehen Sie nun langsam und kontrolliert so tief in eine Kniebeuge hinunter, bis Ihre Oberschenkel sich parallel zum Boden befinden. Drücken Sie sich dann mit der Oberschenkelmuskulatur in einer explosiven, aber kontrollierten Bewegung wieder in den Stand zurück und atmen Sie dabei aus.

Sie sollten den Oberkörper während der gesamten Bewegung so aufrecht wie möglich halten. Versuchen Sie, mit den Schultern ebenso schnell heraufzukommen wie mit den Hüften. Auf diese Weise halten Sie den Oberkörper automatisch senkrecht und geraten nicht in Versuchung, sich vorzubeugen und die Muskulatur des unteren Rückens zu gefährden.

Gehen Sie auch nicht mit Schwung in die Kniebeuge, sondern langsam und kontrolliert. Die richtige Atmung

Für das Beintraining: Voller Einsatz der Beinbizepse, der Waden und des Gesäßes. Die Rückenstrecker und die restliche Rückenmuskulatur arbeiten ebenfalls voll mit, Bizepse und Schultern unterstützen dabei.

ist besonders wichtig: Halten Sie den Atem an, wenn Sie in die Kniebeuge hinunter gehen. Beginnen Sie auszuatmen, wenn die Aufwärtsbewegung einsetzt. Pressen Sie dann die Luft kraftvoll aus Ihren Lungen; wenn Sie wieder aufrecht und sicher stehen, sollten Ihre Lungen vollständig geleert sein.

Für eine bessere Balance können Sie ein kleines Brett oder zwei Hantelscheiben unter Ihre Fersen legen. Kniebeugen sollten stets mit einem Partner trainiert werden, der Ihnen beisteht, falls Sie die letzten Wiederholungen nicht mehr schaffen. Wenn Sie öfter ohne Partner trainieren, sollten Sie die Anschaffung eines Hüftgürtels für Kniebeugen erwägen. Damit können Sie schwere Kniebeugen auch ohne fremde Hilfe ausführen.

2. Kreuzheben

Auch wenn man unter Kreuzheben eher eine Übung für den Rücken versteht, es ist zweifellos die zweitbeste Beinübung. Die Kniebeuge belastet vor allem die vorderen Oberschenkel, das Gesäß, und weniger stark, aber ausgeprägter bei weitem Stand, die hinteren Oberschenkel. Kreuzheben dagegen ist die beste Übung für den Beinbizeps. Hier kann mit hohem Gewicht gearbeitet werden, da viele andere Muskelpartien, ja eigentlich der ganze Körper, bei der Bewegung mithelfen. Ein Großteil der aufgewendeten Kraft liefern die hinteren Oberschenkel und die Waden, gefolgt vom unteren Rücken und dem Gesäß. Wer daran zweifelt, mag sich einmal die Beine guter Powerlifter ansehen. Bei Ihnen sorgt die Wett-

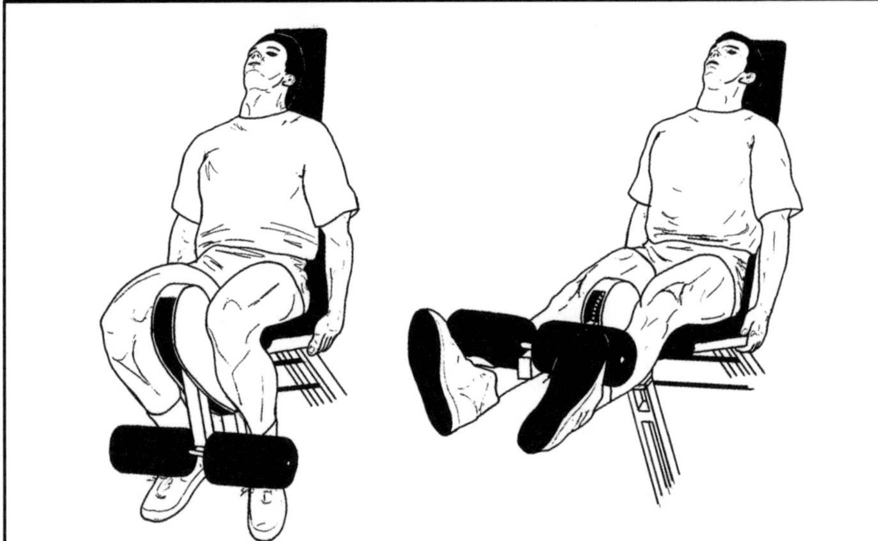

Voller Einsatz der Quadrizepse, lediglich stabilisierende Funktion der Rückenstrecker und der restlichen Rückenmuskulatur.

kampfdisziplin Kreuzheben für eine ausgeprägte Entwicklung der hinteren Oberschenkel und der Waden. Zur Ausführung der Übung siehe unter »Übungen für den Rücken«, Seite 17.

3. Beinstrecken

Beinstrecken isoliert zwar die vorderen Oberschenkel am besten, kann deswegen aber nur mit vergleichsweise wenig Gewicht ausgeführt werden.

Nehmen Sie auf der Maschine Platz und verankern Sie die Schienbeine unter den Beinpolstern. Wenn möglich, sollte die Rotationsachse Ihres Kniegelenks mit der des Hebelarms übereinstimmen. Lehnen Sie sich zurück, umfassen Sie die seitlichen Griffe der Maschine und stabilisieren Sie den Oberkörper. Strecken Sie Ihre Beine dann langsam durch, bis die Quadrizepse voll kontrahieren. Verharren Sie kurz in der oberen, voll kontrahierten Position, bevor Sie das Gewicht langsam wieder absenken. Betonen Sie die fließenden Übergänge von der Aufwärts- zur Abwärtsbewegung und umgekehrt. Wenn die großen Zehen nach innen zeigen, werden die äußeren Partien der Oberschenkel stärker belastet; bei nach außen gerichteten Zehen die oberen und inneren Partien.

4. Beincurl

Wegen des geringen Gewichts, das Beincurls erlauben, ist diese Übung für die hinteren Oberschenkel lange nicht so effektiv, wie das Kreuzheben. Legen Sie sich bäuchlings auf die Beincurl-Maschine und positionieren Sie die

novagenics 4. Beincurl

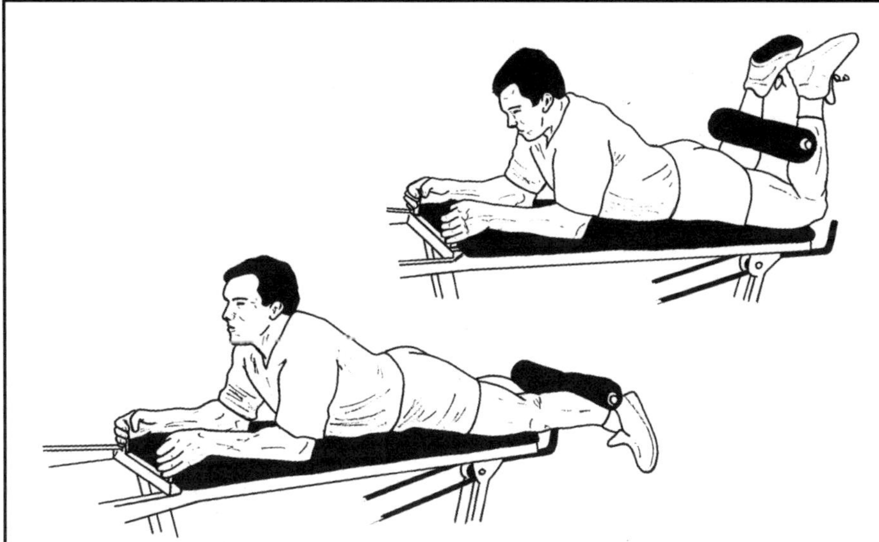

Voller Einsatz der Beinbizepse. Das Gesäß, die Rückenstrecker und die Waden unterstützen bei der Bewegung.

Rückseite der Waden unter den Polstern des Hebelarms. Ihre Knie liegen so nah wie möglich am unteren Ende der Bank, aber nicht darauf. Die Rotationsachse der Kniegelenke sollte mit der des Hebelarms übereinstimmen. Umfassen Sie die seitlich angebrachten Griffe.

Ziehen Sie das Gewicht durch Kontraktion der Beinbizepse nun langsam hoch. Versuchen Sie, mit den Polstern das Gesäß zu berühren. Kurz vor der Endposition müssen Sie das Gesäß anheben und den Rücken leicht zum Hohlkreuz wölben, so kontrahieren die hinteren Oberschenkel besser. Halten Sie die Kontraktion in den Beinbizepsen für einen Moment, bevor Sie das Gewicht langsam wieder absenken. Wenn Sie sich der kontrahierten Position nähern, sollten Sie die Zehen in Richtung der Knie anziehen. So dehnen Sie die Wadenmuskeln und vergrößern den Bewegungsspielraum der hinteren Oberschenkel.

5. Wadenheben, stehend

Dies ist die Standardübung zur Entwicklung der hinteren Wadenmuskeln. Sie kann an der Wadenmaschine trainiert werden, wie hier gezeigt, oder in einer Smith-Maschine (Multipresse), wenn Sie auf einem Wadenblock stehen. Dabei ruht die Stange entweder auf den Schultern, oder sie wird mit gestreckten Armen gehalten. Wer allerdings schweres Kreuzheben trainiert, das die Waden bereits optimal entwikkelt, kann sich das Wadenheben sparen.

5. Wadenheben

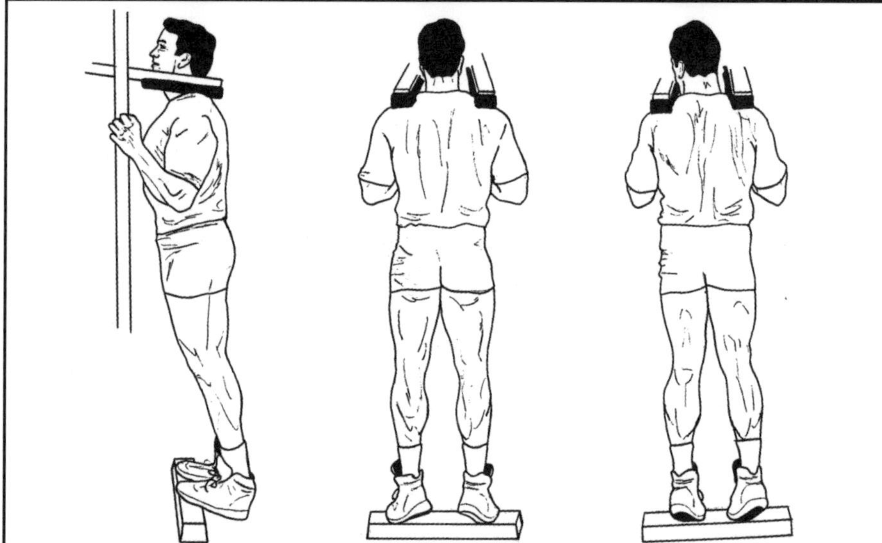

Voller Einsatz der Wadenmuskulatur. Die Rückenstrecker und die Muskeln des Oberkörpers stabilisieren.

Stellen Sie sich mit dem Gesicht zur Maschine und beugen Sie die Knie so weit, daß Sie die Schultern unter den Polstern der Maschine plazieren können. Richten Sie sich auf und nehmen Sie einen schulterweiten Stand auf der Plattform der Wadenmaschine ein. Nur die Zehen und Fußballen haben Kontakt mit der Plattform. Drücken Sie die Knie durch, die Zehen zeigen nach vorn. Verändern Sie diese Haltung während der Bewegung nicht. Senken Sie nun die Fersen so weit herab, bis Sie eine deutliche Streckung in den Waden spüren, dies ist die Ausgangsposition. Heben Sie die Fersen nun langsam an und versuchen Sie, auf den Zehenspitzen zu stehen. Die Aufwärtsbewegung sollte langsam und kontrolliert erfolgen, ohne daß die Knie dabei gebeugt werden. Verharren Sie einen Augenblick in der höchsten Position und gehen Sie anschließend langsam in die Ausgangsposition zurück. Dehnen Sie die Waden in der tiefsten Position, bevor Sie die Bewegung wiederholen, dann können die Muskeln anschließend besser kontrahieren.

Wenn Sie einen weiteren Stand wählen und die Fersen bei der Aufwärtsbewegung nach innen zeigen, belasten Sie die Innenseite des Wadenmuskels stärker. Bei einem engen Stand und auswärts gekehrten Fersen wird der äußere Wadenmuskel stärker gefordert.

6. Eselreiten

Im Englischen heißt diese Übung Don-

novagenics 6. Eselreiten (Donkey Calf Raise)

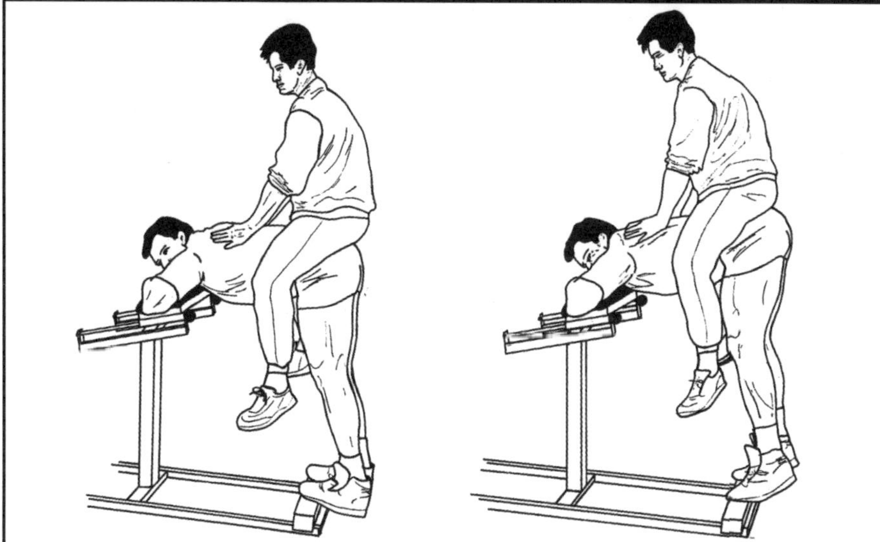

Voller Einsatz der Wadenmuskulatur. Die Rückenstrecker und die Muskeln des Oberkörpers sind weitgehend ausgeschaltet.

key Calf Raise, frei übersetzt »Eselreiten«.

Stehen Sie mit den Fußballen auf einem Wadenblock und beugen Sie den Oberkörper vor, bis er sich parallel zum Boden befindet. Stützen Sie sich mit den Unterarmen auf eine Fensterbank, oder einen Tisch; in unserem Beispiel wird das Polster der Hyperextensionsmaschine genutzt. Der Trainingspartner setzt sich auf Ihren Rükken. Sollten Sie mehr Gewicht benötigen, kann er noch eine Gewichtsscheibe halten. Sorgen Sie dafür, daß der Partner sich weit hinten auf Ihre Hüften setzt. Er sollte sich auch nicht vorbeugen, sondern den Oberkörper vielmehr aufrecht halten. So ruht sein Körpergewicht direkt über Ihren Wadenmuskeln.

Strecken Sie die Beine durch und halten Sie sie während der ganzen Bewegung so. Die Ausführung der Übung und die Fußstellungen sind die gleichen wie beim Wadenheben stehend; führen Sie die Wiederholungen bis zum Muskelversagen durch. Wenn Sie allein trainieren, legen Sie einen mit Hantelscheiben bestückten Gewichtgürtel an. So können Sie Eselreiten auch ohne Partner ausführen.

*

3. Die Trainingsprogramme

Der Einstieg in das Training

Wenn Sie das erste Mal in ein Fitness-Studio kommen, wird sich das Personal dort gut um Sie kümmern. Sie werden vermutlich einen Fitness-Check durchlaufen, man wird Ihren Körperfett-Anteil messen und dann wird man Ihnen ein Trainingsprogramm für den Einstieg in das Krafttraining präsentieren. Die Trainer im Studio werden sich große Mühe geben, Ihnen die Geräte zu erklären und Sie bei Ihren ersten Trainingseinheiten begleiten, um Sie zu motivieren und Ihnen mögliche Fehler aufzuzeigen. All das wird Ihnen helfen, die anfängliche Scheu vor dem Fitness-Studio und vor körperlichem Training abzubauen und das Studio als einen Ort kennen zu lernen, wo der Alltag außen vor bleibt, wo man neue Freunde trifft und den Körper in Form bringen kann.

Wenn Sie Ihrem Trainer dieses Buch präsentieren, wird er Ihnen aber vermutlich erzählen, daß es sich für Sie überhaupt nicht eignet, daß die Trainingsprogramme nur für Bodybuilder gedacht sind und wahrscheinlich auch, daß viele der hier empfohlenen Übungen wie Kniebeugen oder Kreuzheben gefährlich und schlecht für den Rücken seien. Sie werden auch feststellen, daß die meisten Mitglieder im Fitness-Studio an Geräten trainieren und nur die wenigsten Leute eine Hantel überhaupt anfassen. Dabei ist das Training mit Lang- und Kurzhanteln ungleich wirksamer, als das Training an den chromblitzenden Fitness-Maschinen. Eine Maschine zwingt Ihnen einen starren Bewegungsablauf auf und isoliert weitgehend die zu bearbeitende Muskelregion; so kann oft nur wenig Gewicht verwendet werden. Maschinen verhindern fast immer, daß andere Muskeln unterstützend und stabilisierend eingreifen können. Das Training mit Lang- oder Kurzhanteln erlaubt dagegen einen freien Bewegungsablauf, der sich Ihrem Körperbau anpaßt. Hanteln erfordern einen festen Griff, eine bessere Balance, mehr Konzentration und so letztlich eine größere Anstregung. Zudem erfordert das Hanteltraining den unterstützenden und stabilisierenden Einsatz von verschiedenen Muskeln. Deshalb können Sie beim Training mit Hanteln nicht nur mehr Gewicht bewegen, sie trainieren auch viel effektiver und bauen deshalb schneller Muskeln auf.

Die einzigen Maschinen, die beim synergistischen Training wirklich gebraucht werden, sind Kabelzugmaschinen und, falls gewünscht, einige Maschinen für das Beintraining. Eine Kabelzugmaschine schränkt die Bewegungsfreiheit nur wenig ein; sie ist deshalb nicht mit den Butterfly-, Curl- oder anderen Maschinen zu vergleichen, die im Fitness-Studio so viel Platz einnehmen. Wenn Sie Ihren Körper richtig trainieren möchten, mit wenig Zeiteinsatz so effektiv wie möglich Muskelmasse aufbauen und Fett verlieren möchten, dann sind Hanteln und

Kabelzüge genau richtig für Sie.

Auch die Übungen eignen sich sowohl für Anfänger, als auch für Fortgeschrittene. Die Kniebeuge, erklärter Feind der meisten Trainer im Fitness-Studio, soll uns hier als Beispiel dienen: Bei der Kniebeuge können Sie zunächst ohne Gewicht üben, bis Sie die richtige Haltung beherrschen. Dann gehen Sie dazu über, nur mit der Langhantelstange zu trainieren, d.h. ohne Gewichtsscheiben und Sie werden diese (zugegeben, nicht sehr einfache) Übung sehr schnell beherrschen. Je öfter Sie Kniebeugen trainieren, desto stärker werden Sie. Sie können zunehmend mehr Gewicht aufpacken und so immer effektiver trainieren.

Das Gleiche gilt für alle anderen Übungen, die in diesem Buch empfohlen werden. Sicher, wenn Sie mit dem Training beginnen, werden Sie zunächst wahrscheinlich Mühe haben, auch nur einen Klimmzug korrekt auszuführen. Ich kann Ihnen aber nur raten: Geben Sie nicht auf und schon bald werden Ihnen zwei gelingen, dann drei und nach einiger Zeit auch ganze Sätze dieser schweren Übung. Und Sie spüren von Woche zu Woche mehr, wie gut Ihnen das Training bekommt: Sie werden Ergebnisse sehen. Das war es doch schließlich, was Sie bewogen hat, in ein Fitness-Studio zu gehen, oder?

Lassen Sie sich also nicht verunsichern. Die Übungen und Programme in diesem Buch sind sehr wohl für Anfänger geeignet, und zwar für Männer ebenso, wie für Frauen. Keine Sorge, meine Damen, auch wenn Sie sehr hart trainieren, werden Sie keine unförmigen Muskelberge aufbauen, dazu fehlt Ihnen das Testosteron in der Menge, wie es bei Männern vorkommt. Was Sie dagegen erwarten können, ist ein perfekter Körper. Aber auch für die Männer gilt: Wer keine schweren Gewichte einsetzen will, um nicht »zu muskulös« zu werden, der trainiert nicht besonders effektiv. Statt die Zeit im Studio mit ineffektiven Übungen und wenig Gewicht zu vergeuden, empfiehlt es sich, nicht so häufig, dafür aber hart zu trainieren. Erst dann stehen Zeiteinsatz und Resultat im korrekten Verhältnis zueinander.

Ich würde Ihnen raten, bei den ersten Besuchen im Studio den Anweisungen der Trainer zu folgen. Wenn Sie erst einmal wissen, wo Sie alles finden, dann können Sie einsteigen: Wählen Sie eines der auf den folgenden Seiten vorgestellten Programme aus (2, 3, oder 4 Tage Training pro Woche, wie es Ihnen paßt) und versuchen Sie zunächst, die Übungen so korrekt wie möglich auszuführen. Das Gewicht spielt jetzt noch keine große Rolle. Nehmen Sie dieses Buch einfach mit ins Studio und lesen Sie nach, wenn Sie sich vielleicht bei einer Bewegung nicht ganz sicher sind. Nach einigen Wochen Training wird es Ihnen schon viel leichter fallen und Sie sollten ein Gefühl dafür bekommen haben, wieviel Gewicht Sie bei den verschiedenen Übungen einsetzen können.

Dann kann es schon richtig losgehen: Bleiben Sie noch für einige Wochen bei dem ausgewählten Programm und versuchen Sie jetzt, bei jeder

2 Trainingstage pro Woche

Programm A

Übung	Sätze
Tag 1	
• Kniebeuge	3
• Bankdrücken	3
• Trizepsdrücken am Kabel mit Obergriff	3
• Klimmzug mit schulterweitem Untergriff	2
• Rudern vorgebeugt	2
• Beinheben	2
• Bauchpressen	2
Tag 2	
• Kreuzheben	3
• Langhantelcurl	3
• Rudern aufrecht	2
• Schrägbankdrücken	3
• Stirndrücken	2
• Beinheben	2
• Bauchpressen	2

Programm B

Übung	Sätze
Tag 1	
• Bankdrücken	3
• Trizepsdrücken am Seil	2
• Rudern vorgebeugt	3
• Rudern aufrecht	2
• Langhantelcurl	2
• Beinheben + Bauchpressen (Supersatz)	2
Tag 2	
• Kniebeuge	3
• Kreuzheben	3
• Klimmzug mit schulterweitem Untergriff	2
• Kurzhantelcurl	2
• Schrägbankdrücken	3
• Beinheben	2
• Bauchpressen	1

Übung soviel Gewicht wie möglich zu bewegen und so viele Wiederholungen wie möglich zu schaffen.

In einem hat der skeptische Trainer im Fitness-Studio allerdings recht: Wenn Sie Ihren eigenen Weg gehen und ein synergistisches Training wählen, wie es in diesem Buch beschrieben wird, dann unterscheiden Sie sich deutlich von der »normalen« Klientel, die sonst im Fitness-Studio zu finden ist: Sie trainieren ernsthaft und der Gang ins Studio hat bei Ihnen nicht nur eine Alibi-Funktion. Sie werden viel schnellere Fortschritte machen, als die anderen und, noch wichtiger, Sie werden Ihre selbst gesteckten Ziele erreichen.

Die Trainingsprogramme

Zunächst eine Übersicht über die angebotenen Programme:

2 Trainingstage pro Woche

- Programm A
- Programm B

3 Trainingstage pro Woche

Programm A

Übung	Sätze
Tag 1	
• Bankdrücken	3
• Schrägbankdrücken mit Kurzhanteln	2
• Liegestütz am Holm	2
• Klimmzug mit engem Untergriff	2
• Latziehen mit Parallelgriff	2
• Beinheben + Bauchpressen (Supersatz)	2
Tag 2	
• Kniebeuge	4
• Kreuzheben	3
• Rudern vorgebeugt	3
• Rudern aufrecht	2
Tag 3	
• Klimmzug mit schulterweitem Untergriff	3
• Langhantelcurl	2
• Schrägbankdrücken	4
• Stirndrücken	2
• Beinheben	2
• Bauchpressen	2

Programm B

Übung	Sätze
Tag 1	
• Schrägbankdrücken	4
• Stirndrücken	2
• Klimmzug mit schulterweitem Untergriff	2
• Kurzhantelcurl	2
• Rudern aufrecht	2
• Beinheben	2
• Bauchpressen	2
Tag 2	
• Kniebeuge	4
• Kreuzheben	3
• Military Press	2
• Rudern mit der Kurzhantel	2
Tag 3	
• Rudern vorgebeugt	3
• Langhantelcurl	3
• Bankdrücken	4
• Trizepsdrücken am Kabel mit Obergriff	2
• Beinheben	2
• Bauchpressen	2

3 Trainingstage pro Woche

- Programm A
- Programm B

4 Trainingstage pro Woche

- Programm A
- Programm B

Die Trainingsprogramme sind jeweils so angelegt, daß im Wochenrhythmus der gesamte Körper trainiert wird. Wenn Sie die einzelnen Programme näher betrachten, werden Sie feststellen, daß die Reihenfolge der Übungen auf den in Kapitel 1 dargelegten Prinzipien des synergistischen Trainings beruht. Das A-Programm für 2 Trainingstage pro Woche ist z.B. so angelegt:

4 Trainingstage pro Woche

Programm A

Übung	Sätze
Tag 1	
• Bankdrücken	4
• Schrägbankdrücken mit Kurzhanteln	2
• Stirndrücken	3
• Beinheben + Bauchpressen (Supersatz)	2
Tag 2	
• Kurzhantelcurl sitzend + Klimmzug mit schulterweitem Untergriff (Supersatz)	2
• Konzentrationscurl stehend	2
• Rudern vorgebeugt	3
• Rudern aufrecht	3
Tag 3	
• Kniebeuge	4
• Kreuzheben	3
• Wadenheben	2
• Eselreiten	2
• Beinheben + Bauchpressen (Supersatz)	2
Tag 4	
• Schrägbankdrücken	3
• Trizepsdrücken am Kabel mit Obergriff	2
• Klimmzug mit Parallelgriff	2
• Langhantelcurl	2
• Beinheben	1
• Bauchpressen	1

Programm B

Übung	Sätze
Tag 1	
• Schrägbankdrücken	4
• Fliegende Bewegung	2
• Trizepsdrücken am Kabel mit Untergriff	3
• Beinheben	2
• Bauchpressen	2
Tag 2	
• Kniebeuge	4
• Wadenheben	2
• Eselreiten	2
• Klimmzug mit Parallelgriff	2
• Langhantelcurl	2
Tag 3	
• Rudern vorgebeugt	3
• Langhantelcurl	3
• Rudern aufrecht	3
• Beinheben	2
• Bauchpressen	2
Tag 4	
• Kreuzheben	3
• Bankdrücken	3
• Schrägbankdrücken mit Kurzhanteln	2
• Stirndrücken	3

Tag 1:
Die Kniebeuge als Übung mit dem größten Wachstumspotential für den gesamten Körper bildet den Anfang, hier werden Oberschenkel- und Gesäßmuskeln voll gefordert. Die Waden arbeiten unterstützend mit, ebenso wie die Muskeln des unteren Rückens. Die schwere Belastung trainiert alle anderen Muskeln ebenfalls, auch die des Oberkörpers.

Bankdrücken als beste Brust-Übung kommt als nächstes, gefolgt von Trizepsdrücken am Kabel. Da die Trizepse bei der vorangegangenen, schweren Brust-Übung bereits kräftig mitarbeiten mußten, reichen zwei Sätze völlig aus, um diese Muskeln optimal zu trainieren. Brust und Trizepse werden an diesem Tag besonders hart gefordert, da sie gleich zu Anfang trainiert werden; die vorderen Schultern werden beim Bankdrücken ebenfalls trainiert.

Den nächsten Block bildet das Rükken- und Bizeps-Training. Klimmzüge mit Untergriff belasten die Bizepse sehr hart, der Latissimus unterstützt dabei, wird also gleichfalls trainiert. Im Anschluß daran fordert das vorgebeugte Rudern die Rückenmuskeln noch weiter; die Bizepse arbeiten hierbei unterstützend mit (was letztlich zwei schwere und zwei mittelschwere Sätze für die Bizepse ergibt). Die hinteren Schultern werden beim vorgebeugten Rudern ebenfalls optimal trainiert.

Den Abschluß bilden Beinheben und Bauchpressen, zwei schwere Übungen für die Muskeln der Taillenregion.

Tag 2:
Mit Kreuzheben als zweitbester Masse-Übung für den gesamten Körper beginnt diese Trainingseinheit. Die Muskeln des Rückens werden ebenso gefordert, wie die Waden und die Beinbizepse. Für Kreuzheben gilt dasselbe, wie zuvor für die Kniebeuge: Die große Anstrengung, die Ihnen diese Übung abverlangt, trainiert alle anderen Muskeln des Körpers mit und bereitet sie optimal auf die folgenden Übungen vor.

Die Bizepse und seitlichen Schultern bilden den nächsten Block und den Schwerpunkt dieser Trainingseinheit. Drei Sätze schwere Langhantelcurls trainieren die durch das Kreuzheben (als Zugübung) aufgewärmten Bizepse. Zwei Sätze Rudern aufrecht fordern die seitlichen Schulterköpfe und den Trapezmuskel, die Bizepse arbeiten hier unterstützend mit.

Brust und Trizeps sind als nächstes an der Reihe: Das Schrägbankdrücken trainiert die Brustmuskeln mit Schwerpunkt auf dem oberen Bereich, die vorderen Schultern und die Trizepse arbeiten kräftig mit. Zwei Sätze Stirndrücken im Anschluß daran reichen völlig aus, um die vorerschöpften Trizepse optimal zu trainieren. Den Abschluß bilden wiederum die Bauchübungen.

Wie Sie sehen, kann der ganze Körper mit zwei Trainingseinheiten und nur 33 Sätzen pro Woche optimal trainiert werden. Der Zeitaufwand sollte sich, je nach Trainingsstand und Kondition, zwischen 50 und 60 Minuten pro Training bewegen. Wer nicht

novagenics Variation im Training: Der Umgang mit den Programmen

Woche (Trainingstage sind angekreuzt, können natürlich nach Belieben gelegt werden.)

Woche	Programm	MO	DI	MI	DO	FR	SA	SO
1	**2 Trainingstage pro Woche, Programm A**	X			X			
2	**2 Trainingstage pro Woche, Programm B**	X			X			
3	**2 Trainingstage pro Woche, Programm A**	X			X			
4	**2 Trainingstage pro Woche, Programm B**	X			X			

Einfachste Variante: Einen Trainingsplan nach der zur Verfügung stehenden Zeit auswählen; jede Woche zwischen Programm A und Programm B wechseln. Dasselbe läßt sich auch mit den 3-Tage und 4-Tage-Programmen ausführen. Oder…

Woche	Programm	MO	DI	MI	DO	FR	SA	SO
1	**3 Trainingstage pro Woche, Programm A**	X		X		X		
2	**2 Trainingstage pro Woche, Programm A**	X			X			
3	**3 Trainingstage pro Woche, Programm B**	X		X		X		

…den 3-Tage-Trainingsplan mit dem 2-Tage-Plan abwechseln; das erlaubt mehr Zeit für die Erholung zwischen den Trainingseinheiten. Oder Sie wechseln zwischen 4-Tage-Plan und 2-Tage-Plan, um etwas Variation in das Training zu bringen…

Woche	Programm	MO	DI	MI	DO	FR	SA	SO
1	**4 Trainingstage pro Woche, Programm A**	X	X		X	X		
2	**4 Trainingstage pro Woche, Programm A**	X	X		X	X		
3	**2 Trainingstage pro Woche, Programm B**	X			X			
4	**4 Trainingstage pro Woche, Programm B**	X	X		X	X		

glaubt, daß so wenig Sätze ausreichen, der sollte sich einige Wochen lang an diesem Programm versuchen; es wird Sie überzeugen.

Der Umgang mit den Programmen

Sie sollten sich, je nach verfügbarer Zeit und Motivation, ein Trainingsprogramm aussuchen und die A- und B-Version alle 4 bis 6 Wochen abwechseln. Wenn Sie nur zwei Tage pro Woche trainieren können, wählen Sie das entsprechende Programm. Falls Sie mehr Zeit investieren wollen, das 3- oder 4-Tage-Programm. Für mehr Variation im Training können Sie die Programme aber auch untereinander austauschen, z.B.:

- 1. Woche: 2 Tage Training
- 2. Woche: 3 Tage Training
- 3. Woche: 2 Tage Training

Eine andere Möglichkeit besteht darin, 4 Tage Training pro Woche zu wählen, dabei das A- und B-Programm abzuwechseln und bei einem vorübergehenden Zeitmangel auf 2 Tage Training pro Woche zu wechseln. So müssen Sie nicht befürchten, daß bei einem Ausfall von Trainingstagen einige Muskelgruppen nur unvollständig trainiert werden. Der Wechsel zwischen Programmen mit unterschiedlichen Trainingstagen kann aber auch zum System erhoben werden, z.B. wenn Sie wie folgt vorgehen:

- 4 Tage Training pro Woche, Prog. A (3 Wochen lang)
- 2 Tage Training pro Woche, Prog. A (2 Wochen lang)
- 4 Tage Training pro Woche, Prog. B (3 Wochen lang)
- 2 Tage Training pro Woche, Prog. B (2 Wochen lang)

Der Vorteil dieser flexiblen Trainingsplanung liegt darin, daß bei jedem Programm, egal ob es 2, 3 oder 4 Trainingstage pro Woche vorsieht, jeweils der ganze Körper umfassend trainiert wird. Und alle bauen vorwiegend auf die schweren Grundübungen, so daß ein Ausfall von Trainingstagen keinen Abbau der hart erarbeiteten Muskulatur bedeuten muß. Lassen Sie Ihrer Phantasie freien Lauf; die Zahl der möglichen Programm-Kombinationen ist wirklich groß.

Gewicht und Wiederholungen

Es macht wenig Sinn, das Gewicht für jede Übung vorzugeben. Ein Anfänger könnte damit total überfordert sein, ein Fortgeschrittener womöglich unterfordert. Wenn Sie schon länger trainieren, werden Sie das Gewicht für jede Übung ganz gut einschätzen können. Falls Sie eine Übung noch nie trainiert haben, oder wenn Sie gerade erst mit dem Krafttraining beginnen, empfiehlt es sich, es einfach auszuprobieren. Schon nach wenigen Sätzen werden Sie wissen, welches Gewicht aufgelegt werden kann.

Behalten Sie folgende Richtlinie im Auge: Die optimale Wiederholungszahl für den Muskelaufbau im Bodybuilding liegt zwischen acht und zehn. Wenn Sie nur acht Wiederholungen schaffen, ist das Gewicht zu schwer und muß um fünf Prozent vermindert werden. Wenn Sie 12 oder mehr schaffen, muß das Gewicht bei der nächsten Trainingseinheit um fünf Prozent gesteigert werden.

Bei den Klimmzügen kann es vorkommen, daß Ihnen zunächst, je nach Trainingsstand, nur ein einziger gelingt. Klimmzüge sind eine sehr schwere Übung, bei der man auch nicht schummeln kann: Entweder man kommt bis zur Stange, oder nicht. Begehen Sie aber nicht den Fehler, »halbe« Wiederholungen als »ganze« zu zählen. Auch wenn Sie zunächst nur einen korrekten Klimmzug schaffen, geben Sie nicht auf. Sie werden sich sehr schnell steigern. Und wenn Sie hier erst einmal 12 oder mehr Wiederholungen bewältigen, dann können Sie mit einem Dip-Gürtel und Zusatzgewicht die Belastung weiter erhöhen.

Bei einigen Programmen werden sog. Supersätze verwendet. Ein Supersatz ist die Kombination von zwei Sätzen verschiedener Übungen zu einem »großen« Satz. Wenn also ein Supersatz Beinheben und Bauchpressen gefordert wird, dann führen Sie zunächst einen Satz Beinheben aus und direkt im Anschluß daran einen Satz Bauchpressen.

Im Anhang A finden Sie alle drei A- und B-Programme noch einmal graphisch dargestellt.

Die Spezialprogramme

Die Spezialprogramme sind für fortgeschrittene Kraftsportler gedacht, die bestimmte Muskelgruppen, die vielleicht in ihrer Entwicklung hinter den anderen Körperpartien hinterhinken, stärker entwickeln möchten. Dabei unterscheiden sich die Spezialprogramme auf den ersten Blick nur unwesentlich von den normalen Programmen. Die Übungen für die anvisierte Muskelgruppe sind lediglich an den Anfang des Trainings gelegt; das geschieht zweimal pro Woche.

Im Unterschied zum herkömmlichen Spezialisierungs-Training wurde die Gesamtzahl der Sätze pro Trainingseinheit aber nicht erhöht. Genau da machen viele Kraftsportler einen schweren Fehler: Wer glaubt, für eine zurückgebliebene Muskelgruppe das Trainingsprogramm erweitern zu müssen, der irrt. Die Gesamtbelastung für den Körper darf nicht steigen, sonst landet man schnell im Übertraining und erreicht das Gegenteil. Nur anders herum ergibt es einen Sinn: Die anderen Muskelgruppen müssen etwas zurückstehen, um die anvisierte Körperpartie stärker fordern zu können.

Entsprechend sind für die problematische Muskelgruppe einige Sätze mehr pro Trainingseinheit vorgesehen und einige Sätze weniger für die gut entwickelten. Gleichzeitig wird auf das Beintraining mit Kniebeugen und Kreuzheben nicht verzichtet: Der Wachstumsreiz, den diese schweren Grundübungen auf die Muskulatur des gesamten Körpers ausüben, hilft nicht nur, die problematische Muskelgruppe mehr zu fordern. Gleichzeitig wird einem Kraftabbau und Muskelverlust bei den etwas weniger stark geforderten Körperpartien entgegengewirkt.

Der zweite Schwerpunkt bei den Spezialprogrammen liegt auf der ver-

novagenics Eingliederung der Spezialprogramme in das Training

Woche (Trainingstage sind angekreuzt, können natürlich nach Belieben gelegt werden.)

Woche	Programm	MO	DI	MI	DO	FR	SA	SO
1	**4 Trainingstage pro Woche, Programm A**	X	X		X	X		
2	**Spezialprogramm für den Bizeps, 3 Trainingstage pro Woche, Programm A**	X		X		X		
3	**Spezialprogramm für den Bizeps, 3 Trainingstage pro Woche, Programm A**	X		X		X		
4	**Spezialprogramm für den Bizeps, 3 Trainingstage pro Woche, Programm B**	X		X		X		
5	**Spezialprogramm für den Bizeps, 3 Trainingstage pro Woche, Programm B**	X		X		X		
6	**4 Trainingstage pro Woche, Programm B**	X	X		X	X		
7	**4 Trainingstage pro Woche, Programm B**	X	X		X	X		
8	**4 Trainingstage pro Woche, Programm B**	X	X		X	X		
9	**Spezialprogramm für den Bizeps, 3 Trainingstage pro Woche, Programm A**	X		X		X		

Die Spezialprogramme für Bizeps, Trizeps und Schultern sind jeweils so angelegt, daß die Zielregionen zuerst trainiert werden. Das erlaubt den größten Krafteinsatz. Deshalb sind nur einige Sätze mehr erforderlich, um die in der Entwicklung zurückgebliebene Muskelgruppe optimal zu trainieren. Alle anderen Körperpartien werden bei den Spezialprogrammen ebenfalls trainiert. Ein Spezialprogramm ist deshalb – mit leichten Abstrichen – als vollwertiges Trainingsprogramm zu betrachten, bei dem jeweils im Wochenrhythmus der ganze Körper trainiert wird.

Das oben stehende Beispiel zeigt, wie das Spezialprogramm für den Bizeps in ein normales 4-Tage-Programm integriert wird. Je nach Bedarf können Sie ein Spezialprogramm bis zu 4 Wochen lang einsetzen. Dann empfiehlt es sich, für drei oder vier Wochen zum normalen Training zurückzukehren. Sind Sie mit der Entwicklung der problematischen Muskelgruppe dann immer noch unzufrieden, kehren Sie noch einmal zum Spezialprogramm zurück.

Spezialprogramm für den Bizeps – 3 Trainingstage pro Woche

Programm A

Übung	Sätze
Tag 1	
• Kurzhantelcurl sitzend + Klimmzug mit schulterweitem Untergriff (Supersatz)	2
• Konzentrationscurl stehend	2
• Bankdrücken	4
• Trizepsdrücken am Kabel mit Obergriff	2
• Beinheben	2
• Bauchpressen	2
Tag 2	
• Kniebeuge	4
• Kreuzheben	3
• Rudern vorgebeugt	3
• Rudern aufrecht	2
Tag 3	
• Langhantelcurl	3
• Konzentrationscurl stehend	2
• Rudern aufrecht	2
• Schrägbankdrücken	3
• Stirndrücken	2
• Beinheben	2
• Bauchpressen	2

Programm B

Übung	Sätze
Tag 1	
• Kurzhantelcurl sitzend + Latziehen mit Parallelgriff (Supersatz)	2
• Konzentrationscurl stehend	2
• Schrägbankdrücken	3
• Trizepsdrücken über Kopf	2
• Beinheben	2
• Bauchpressen	2
Tag 2	
• Kniebeuge	4
• Kreuzheben	3
• Rudern vorgebeugt	3
• Rudern aufrecht	2
Tag 3	
• Langhantelcurl	2
• Klimmzug mit schulterweitem Untergriff	2
• Konzentrationscurl sitzend	2
• Bankdrücken	3
• Stirndrücken	2
• Beinheben	2
• Bauchpressen	2

besserten Regeneration: Es wird an drei Tagen in der Woche trainiert; wobei der erste und der dritte Tag, gemessen am Trainingsumfang mit 15 bis 17 Sätzen, normal ausfallen. Der zweite Tag pro Woche verlangt zwar schwere Arbeit, aber nur zwischen neun und 12 Sätzen.

Überdies können die Spezialprogramme durch einen schnellen Wechsel der Routine mehr Abwechslung und damit einen erhöhten Trainingsreiz auslösen. Es empfiehlt sich, ein Spezialprogramm jeweils für 4 Wochen einzusetzen und dann zum normalen Programm zurückzukehren, z.B. so:

- 2 Wochen lang Spezialprogramm Bizeps A

Spezialprogramm für den Trizeps – 3 Trainingstage pro Woche

Programm A

Übung	Sätze
Tag 1	
• Stirndrücken + Bankdrücken mit engem Griff (Supersatz)	2
• Trizepsdrücken am Kabel mit Untergriff	2
• Fliegende Bewegung	2
• Langhantelcurl	3
• Beinheben	2
• Bauchpressen	2
Tag 2	
• Kniebeuge	4
• Kreuzheben	3
• Rudern vorgebeugt	3
• Rudern aufrecht	2
Tag 3	
• Schrägbankdrücken	3
• Liegestütz am Holm	2
• Trizepsdrücken am Seil	2
• Klimmzug mit schulterweitem Untergriff	2
• Kurzhantelcurl	2
• Beinheben	2
• Bauchpressen	2

Programm B

Übung	Sätze
Tag 1	
• Stirndrücken + Nackendrücken (Supersatz)	2
• Trizepsdrücken am Kabel mit Obergriff	2
• Klimmzug zum Nacken	2
• Langhantelcurl	2
• Beinheben	2
• Bauchpressen	2
Tag 2	
• Kniebeuge	4
• Kreuzheben	3
• Rudern vorgebeugt	3
• Rudern aufrecht	2
Tag 3	
• Bankdrücken	4
• Schrägbankdrücken mit Kurzhanteln	2
• Trizepsdrücken am Seil	2
• Klimmzug zur Brust	2
• Kurzhantelcurl sitzend	2
• Beinheben	2
• Bauchpressen	2

- 2 Wochen lang Spezialprogramm Bizeps B
- 3 Wochen normales Trainingsprogramm, falls weitere Förderung der Bizepse gewünscht, dann wieder zurück zu jeweils 2 Wochen Spezialprogramm A und B.

Diese Spezialisierungsstrategie erlaubt, die in ihrer Entwicklung zurückgebliebene Muskelgruppe auf vier Wegen zu attackieren:

- Sie wird am Anfang trainiert, wenn Kraft und Kondition am größten sind, das erlaubt höhere Trainings-

Spezialprogramm für die Schultern – 3 Trainingstage pro Woche

Programm A Übung	Sätze	Programm B Übung	Sätze
Tag 1		**Tag 1**	
• Military Press + Rudern aufrecht am Kabel (Supersatz)	2	• Bankdrücken	4
• Schulterdrücken	2	• Rudern aufrecht	3
• Klimmzug mit Parallelgriff	2	• Trizepsdrücken am Kabel mit Untergriff	2
• Langhantelcurl	2	• Langhantelcurl	2
• Beinheben	2	• Beinheben	2
• Bauchpressen	2	• Bauchpressen	2
Tag 2		**Tag 2**	
• Kniebeuge	4	• Kniebeuge	4
• Kreuzheben	3	• Kreuzheben	3
• Rudern vorgebeugt	3	• Rudern vorgebeugt	3
• Latziehen zur Brust	2	• Latziehen zur Brust	2
Tag 3		**Tag 3**	
• Bankdrücken	4	• Schrägbankdrücken	4
• Nackendrücken	2	• Schulterdrücken	2
• Rudern aufrecht am Kabel	2	• Rudern aufrecht am Kabel	2
• Stirndrücken	2	• Klimmzug mit schulterweitem Untergriff	3
• Trizepsdrücken über Kopf	2	• Beinheben	2
• Beinheben	2	• Bauchpressen	2
• Bauchpressen	2		

gewichte.

- Es werden ein oder zwei Sätze, bzw. Übungen mehr dafür ausgeführt, das erlaubt eine völlige Erschöpfung dieser Muskelgruppe.
- Gleichzeitig fallen am zweiten Trainingstag einige Übungen weg; das erlaubt mehr Zeit für die Regeneration. Die anvisierte, jetzt hart trainierte Muskelgruppe profitiert davon am meisten.
- Der schnelle Wechsel der Programme zwingt die anvisierte Muskelgruppe zu einer verstärkten Anpassung und damit zu mehr Wachstum.

Folgende Spezialprogramme stehen zur Auswahl:
Spezialprogramm für den Bizeps, 3 Trainingstage pro Woche

Regeneration nach hartem Krafttraining

Erholungsprozeß	Erholungszeit
• Wiederherstellung von ATP/CP	3–5 Minuten
• Aufhebung der Sauerstoffschuld (ohne Milchsäurebildung)	5 Minuten
• Aufhebung der Sauerstoffschuld (mit Milchsäurebildung)	30–60 Minuten
• Entfernung der Milchsäure aus Muskeln und Blut	1–2 Stunden
• Wiederherstellung von Muskelglycogen	
- nach lang andauerndem Training	10–48 Stunden
- nach Intervall-Training (z.B. Bodybuilding)	24 Stunden
• Wiederaufbau von Vitaminen und Enzymen	24 Stunden
• Erholung von hochintensivem Training (mit starker Belastung des Zentralnervensystems, z.B. beim Maximalkrafttraining)	2–3 Tage

Modifiziert von T. O. Bompa nach: Fox, E.L.; Bowes, R.W.; Foss, M.L.: The Physiological Basis Of Physical Education And Athletics. W.C. Brown Publishers, Dubuque 1989. Auflistung entnommen: Tudor O. Bompa: Periodization Of Strength. Veritas Publishing Inc., Toronto 1993, S. 206

- Programm A
- Programm B

Spezialprogramm für den Trizeps,
3 Trainingstage pro Woche

- Programm A
- Programm B

Spezialprogramm für die Schultern,
3 Trainingstage pro Woche

- Programm A
- Programm B

(Graphische Darstellung im Anhang B)

Übertraining

Zuvor schon mehrfach angesprochen, soll dieses Phänomen noch einmal ausführlich erklärt werden. Ohne Zweifel stellt Übertraining das Hauptproblem aller ernsthaften Kraftsportler dar. Ein übertrainierter Muskel kann nicht mehr wachsen (partielles Übertraining) und ein übertrainierter Organismus baut Muskelmasse nicht auf, sondern ab; egal wie hart Sie weiter trainieren. Die Auflistung auf der vorangegangenen Seite kann einen Eindruck davon vermitteln, wieviel Erholungszeit bestimmte Abläufe beim Krafttraining beanspruchen.

Beim Übertraining wird die Erholungskapazität des Körpers überfordert. Durch zuviel oder zu hartes, sprich zu intensives Training bei unzureichender Erholung werden aber nicht nur die Muskeln in Mitleidenschaft gezogen; Übertraining beansprucht auch das zentrale Nervensystem über Gebühr. Die einfachen körperlichen Anzeichen von Übertraining können lang anhaltender Muskelkater und übergroße Müdigkeit sein, ebenso wie hartnäckige Verletzungen, die einfach nicht abheilen wollen (die gereizte Bizepssehne in Höhe des vorderen Schultermuskels wurde schon genannt). Die Überlastung des Nervensystems äußert sich dagegen subtiler, aber nicht weniger störend: Nervosität, Gereiztheit und Schlaflosigkeit, auch in Verbindung mit einem starken Gefühl der Erschöpfung, können ebenfalls Übertraining anzeigen.

Übertraining ist ein kataboler, also ein abbauender Prozeß. Das äußert sich unter anderem darin, daß mehr Stickstoff ausgeschieden, als zugeführt wird. Dieser Stickstoff stammt von Aminosäuren, sprich Muskelprotein, das abgebaut wurde (beim anabolen, also aufbauenden Zustand, wird dagegen weniger Stickstoff ausgeschieden, als zugeführt wurde; der Rest ist in den Muskeln eingebaut). Ein kataboler Proteinstoffwechsel führt nicht nur zum Verlust von hart erarbeiteter Muskelsubstanz, sondern auch zu einer weiteren, recht häufigen Begleiterscheinung des Übertrainings: Infektionskrankheiten, vor allem Erkrankungen der Atemwege und grippale Infekte.

Übertraining wird nicht nur durch lange Trainingseinheiten verursacht; diesem Umstand könnte ja allein durch den Einsatz eines synergistischen Trainingsprogramms mit relativ kurzer Trainingszeit begegnet werden. Auch für einen Sportler, der kurz, aber hochintensiv trainiert, kann Übertraining zur Gefahr werden; vor allem, wenn mit schwerem Gewicht gearbeitet wird. Das Problem verschärft sich überdies mit zunehmender Trainingserfahrung: Je länger ein Kraftsportler schon regelmäßig trainiert, desto mehr Muskelfasern kann er aktivieren und desto höhere Gewichte kann er bewältigen. Es ist also nicht ganz falsch zu behaupten, je mehr Trainingserfahrung, desto kürzer muß das Training ausfallen.

Zu guter Letzt trägt zum Zustand des Übertrainings nicht nur das Training bei. Viele Athleten vergessen, daß ein anstrengender Beruf, Ärger in der Familie oder Streit mit dem Partner die Erholung ebenfalls beeinträchtigen. Es sollte jedem Sportler einleuchten, daß sich die gewohnte hohe Leistung eben nur unter optimalen Bedingungen erbringen läßt. Wer anderweitig stark gefordert wird, muß demnach beim Training etwas zurückstecken, sonst stellt sich wiederum Übertraining ein.

Übertraining ist zwar vermeidbar, aber keinesfalls ein Anfängerfehler. Es passiert auch erfahrenen Athleten immer wieder, daß sie die Warnzeichen des Körpers »überhören« und unter erhöhtem Willenseinsatz weiter trainieren, obwohl eigentlich eine Pause angebracht wäre. Es scheint auch manchmal wirklich nicht so einfach zu sein, die Situation richtig zu deuten. So berichten manche Athleten, die sich nach anfänglichen Schwierigkeiten beim Training (Motivationsprobleme, abfallende Leistung bei Standardübungen o.ä.) zum Weitermachen »zwingen«, daß sie plötzlich eine sehr gute Trainingseinheit zustande bringen. Das Gewicht konnte bei einigen Übungen noch gesteigert werden und man verläßt das Studio mit dem Hochgefühl, den »inneren Schweinehund« wieder einmal besiegt zu haben. Kurz darauf ist es dann aber endgültig soweit: Man fühlt sich zerschlagen, hundeelend und das bekannte »Kratzen« im Hals kündigt eine beginnende Infektion an: Trainingspause.

Ruhepuls und Übertraining

Die Bestimmung, ob ein Athlet die Grenze zum Übertraining bereits überschritten hat, oder ob die Trainingsbelastung noch im akzeptablen Bereich liegt, kann mit herkömmlichen Mitteln nicht immer zuverlässig erfolgen. Nervosität, innere Unruhe, Schlaflosigkeit oder Gereiztheit sind eben nur nach dem persönlichen, subjektiven Empfinden bewertbar, aber keine objektiven, wissenschaftlichen Parameter. Eine Erhöhung des Ruhepulses kann Übertraining dagegen recht zuverlässig anzeigen.

Messen Sie deshalb Ihren Ruhepuls jeden Morgen, am besten im Liegen, kurz nachdem Sie aufgewacht sind (so gehen Sie sicher, daß sich der Puls nicht durch körperliche Aktivität erhöht). Nehmen Sie dazu den Zeige- und Mittelfinger der rechten Hand und fühlen Sie den Puls entweder an der Innenseite des linken Handgelenks, oder an der Halsschlagader. Sehen Sie auf die Uhr, zählen Sie die Pulsschläge 15 Sekunden lang und multiplizieren Sie den ermittelten Wert mit vier. So erhalten Sie Ihren Pulsschlag pro Minute.

Wiederholen Sie die Pulsmessung täglich und tragen Sie den erhaltenen Wert in Ihr Trainingstagebuch ein. Schon nach kurzer Zeit sollten Sie Ihren normalen Ruhepuls kennen. Die Werte weichen für gewöhnlich nur wenig voneinander ab. Wenn Sie aber feststellen, daß der Ruhepuls einige Tage leicht erhöht ist (4-7 Schläge mehr pro Minute), so ist das ein sicheres Zeichen für beginnendes Übertraining. Wenn sich in diesen Tagen noch andere typische Symptome wie Nervosität, Unruhe, Schlafprobleme oder Trainingsunlust einstellen, können Sie dies als weitere Anzeichen einer Überbelastung werten. Reduzieren Sie dann unbedingt Ihren Trainingsumfang und die Intensität.

Wenn der Ruhepuls nach einigen Tagen nicht wieder auf den Normalwert sinkt, müssen Sie wohl oder übel eine Zeitlang mit dem Training aussetzen, bis sich Körper und Nervensystem wieder vollständig erholt haben. Auch

Erholungsprogramm bei beginnendem Übertraining
3 Trainingstage pro Woche
15-20 Wiederholungen pro Satz

Übung	Sätze
Tag 1	
• Schrägbankdrücken mit Kurzhanteln	3
• Fliegende Bewegung	2
• Rudern mit der Kurzhantel	2
• Kurzhantelcurl sitzend	2
• Bauchpressen	2
Tag 2	
• Beinstrecken	3
• Beincurls	3
• Wadenheben	3
Tag 3	
• Latziehen mit Parallelgriff	2
• Rudern aufrecht am Kabel	2
• Trizepsdrücken über Kopf	2
• Fliegende Bewegung	2
• Kurzhantelcurl sitzend	2
• Bauchpressen	2

wenn es Sie noch so ärgert: Wenn Sie weiter trainieren, verschlimmern Sie die Situation nur noch. Sie kommen um eine Trainingspause nicht herum. Am schnellsten erholen Sie sich, indem Sie ausgiebig schlafen, gut essen und sich so wenig Belastungen wie möglich aussetzen. Verbringen Sie das Wochenende im Bett, sehen Sie ausgiebig fern, oder lesen Sie ein gutes Buch.

Der Zeitpunkt, an dem Sie das Training wieder aufnehmen können, läßt sich ebenfalls durch eine Pulsmessung bestimmen. Wenn der Ruhepuls sich zwei bis drei Tage lang wieder im normalen Bereich bewegt, kann davon ausgegangen werden, daß sich der Körper ausreichend erholt hat.

Das Erholungsprogramm bei ersten Anzeichen von Übertraining

Hier noch ein Spezialprogramm für die ganz hartgesottenen Kraftsportler. Jeder, der schon länger trainiert, kennt das enttäuschende Gefühl, wenn man im Übertraining landet und dann mit dem Training aussetzen muß. Man hat so hart gearbeitet, um an diesen Punkt zu kommen und jetzt folgt unweigerlich ein Rückschritt, weil das gewohnte Trainingsprogramm unterbrochen werden muß.

Nun, wenn Sie nicht zu stark übertrainiert sind und das Gefühl haben, dem Training nicht so lange fernbleiben zu können, dann sollten Sie das Erholungsprogramm einmal ausprobieren (graphische Darstellung im Anhang B).

Das Erholungsprogramm erlaubt Ihnen drei Trainingstage pro Woche, allerdings mit »leichten« Übungen und einer recht hohen Wiederholungszahl (zwischen 15 und 20). Durch den Verzicht auf die schweren Grundübungen, den weitgehenden Einsatz nicht so effektiver Übungen und die hohe Wiederholungszahl, die letztlich geringeres Gewicht voraussetzt, wird die Belastung für den übertrainierten Organismus erheblich verringert.

Gleichzeitig werden die Muskeln aber nicht völlig vernachlässigt. Die psychologische Komponente spielt dabei ebenfalls eine Rolle: Wer nicht zur Untätigkeit verdammt ist, sondern das Gefühl bekommt, für seine Muskeln noch etwas zu tun, der wird sich auch nicht so niedergeschlagen fühlen. Obwohl Ihnen das Erholungsprogramm bei weitem nicht so viel abverlangt, wie die normalen oder die Spezialprogramme, sollten Sie doch Ihren Ruhepuls im Auge behalten. Fällt dieser nicht innerhalb von einer Woche in den normalen Bereich, dann müssen sie eine Trainingspause einlegen.

* * *

Anhang A:
Die Trainingsprogramme

Synergistisches Muskeltraining
2 Trainingstage pro Woche, Programm A – Tag 1

Kniebeuge
- 3 Sätze

Bankdrücken
- 3 Sätze

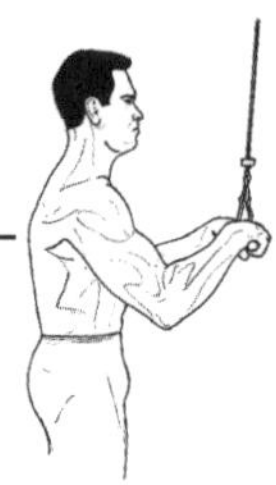

Trizepsdrücken am Kabel mit Obergriff
- 2 Sätze

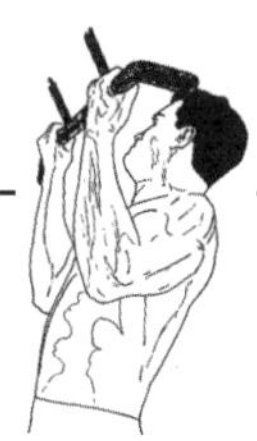

Klimmzug mit schulterweitem Untergriff
- 2 Sätze

Rudern vorgebeugt
- 2 Sätze

Beinheben
- 2 Sätze

Bauchpressen
- 2 Sätze

novagenics

Synergistisches Muskeltraining
2 Trainingstage pro Woche, Programm A – Tag 2

Kreuzheben
- 3 Sätze

Langhantelcurl
- 3 Sätze

Rudern aufrecht
- 2 Sätze

Schrägbankdrücken
- 3 Sätze

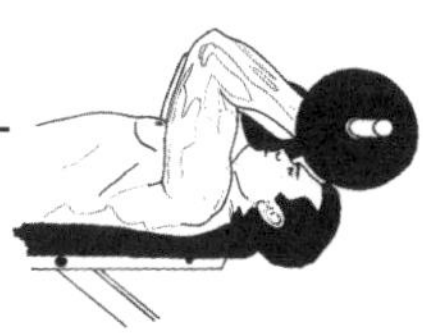

Stirndrücken
- 2 Sätze

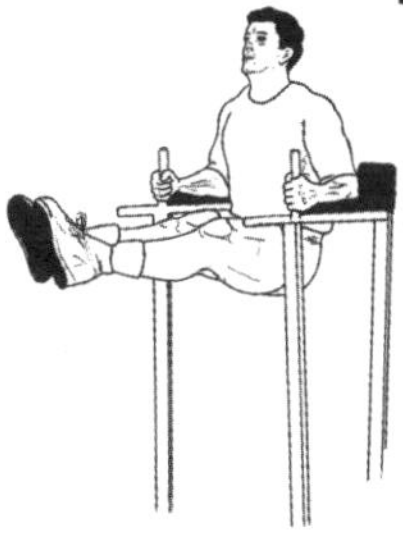

Beinheben
- 2 Sätze

Bauchpressen
- 2 Sätze

2 Trainingstage pro Woche, Programm B – Tag 1

Bankdrücken
• 3 Sätze

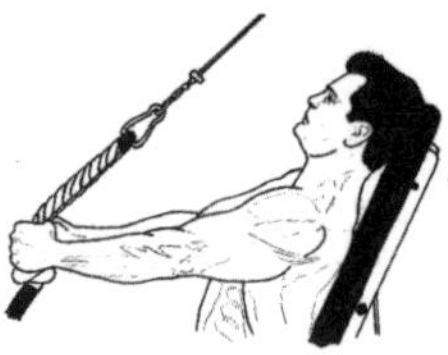

Trizepsdrücken am Seil
• 2 Sätze

Rudern vorgebeugt
• 3 Sätze

Rudern aufrecht
• 2 Sätze

Langhantelcurl
• 2 Sätze

Beinheben

2 x SUPERSATZ

Bauchpressen

novagenics

Synergistisches Muskeltraining
2 Trainingstage pro Woche, Programm B – Tag 2

Kniebeuge
- 3 Sätze

Kreuzheben
- 3 Sätze

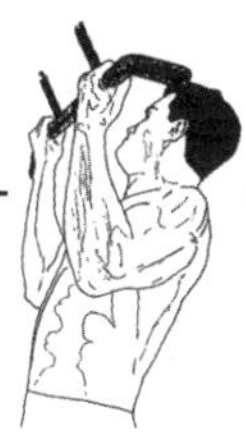

Klimmzug mit schulterweitem Untergriff
- 2 Sätze

Kurzhantelcurl
- 2 Sätze

Schrägbankdrücken
- 3 Sätze

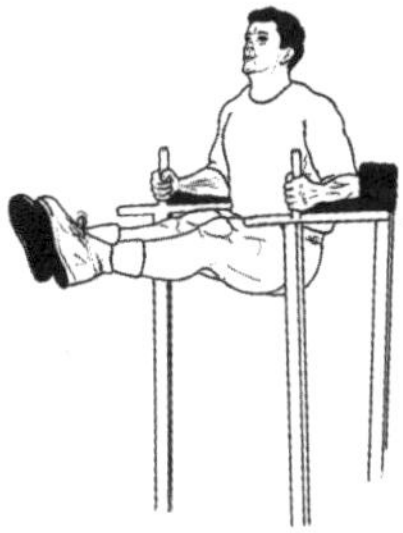

Beinheben
- 2 Sätze

Bauchpressen
- 1 Satz

Synergistisches Muskeltraining
3 Trainingstage pro Woche, Programm A – Tag 1

Bankdrücken
• 3 Sätze

Schrägbankdrücken mit Kurzhanteln
• 2 Sätze

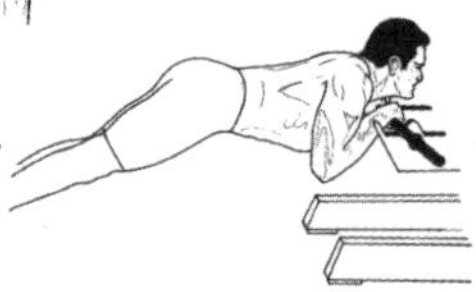

Liegestütz am Holm
• 2 Sätze

Klimmzug mit engem Untergriff
• 2 Sätze

Latziehen mit Parallelgriff
• 2 Sätze

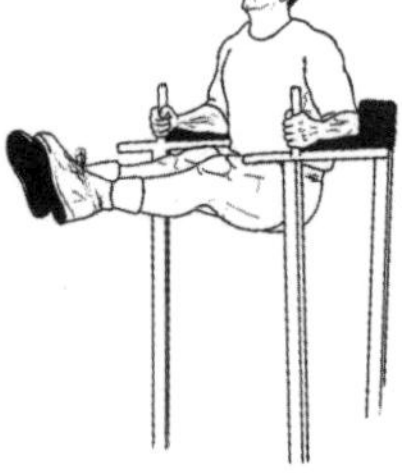

Beinheben

2 x SUPERSATZ

Bauchpressen

novagenics

Synergistisches Muskeltraining
3 Trainingstage pro Woche, Programm A – Tag 2

Kniebeuge
• 4 Sätze

Kreuzheben
• 3 Sätze

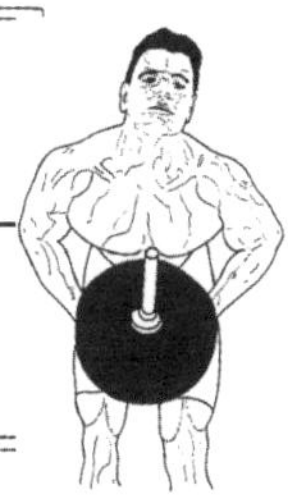

Rudern vorgebeugt
• 3 Sätze

Rudern aufrecht
• 2 Sätze

novagenics

Synergistisches Muskeltraining
3 Trainingstage pro Woche, Programm A – Tag 3

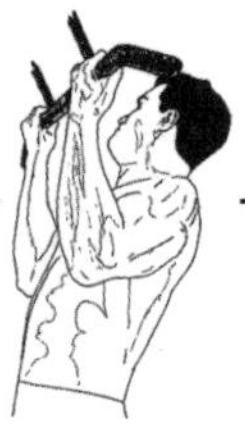

Klimmzug mit schulterweitem Untergriff
- 3 Sätze

Langhantelcurl
- 2 Sätze

Schrägbankdrücken
- 4 Sätze

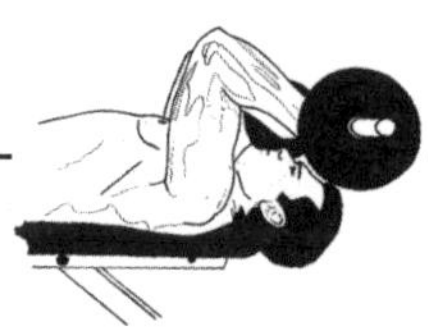

Stirndrücken
- 2 Sätze

Beinheben
- 2 Sätze

Bauchpressen
- 2 Sätze

novagenics Synergistisches Muskeltraining
3 Trainingstage pro Woche, Programm B – Tag 1

Schrägbankdrücken
• 4 Sätze

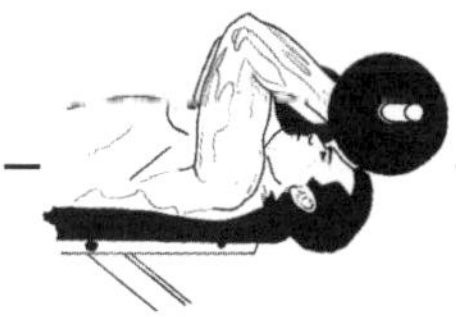

Stirndrücken
• 2 Sätze

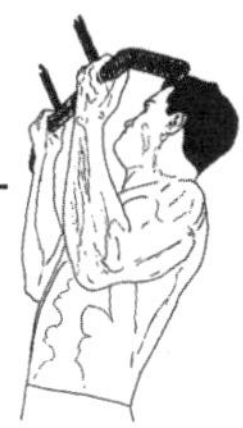

Klimmzug mit schulterweitem Untergriff
• 2 Sätze

Kurzhantelcurl
• 2 Sätze

Rudern aufrecht
• 2 Sätze

Beinheben
• 2 Sätze

Bauchpressen
• 2 Sätze

novagenics Synergistisches Muskeltraining
3 Trainingstage pro Woche, Programm B – Tag 2

Kniebeugen
• 4 Sätze

Kreuzheben
• 3 Sätze

Military Press
• 2 Sätze

Rudern mit der Kurzhantel
• 2 Sätze

novagenics

Synergistisches Muskeltraining
3 Trainingstage pro Woche, Programm B – Tag 3

Rudern vorgebeugt
- 3 Sätze

Langhantelcurl
- 3 Sätze

Bankdrücken
- 4 Sätze

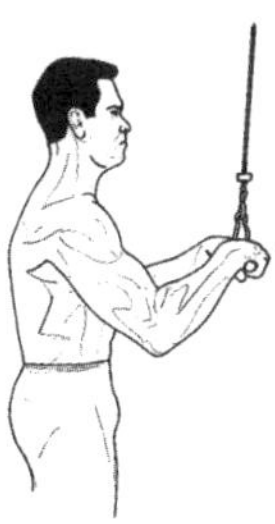

Trizepsdrücken am Kabel mit Obergriff
- 2 Sätze

Beinheben
- 2 Sätze

Bauchpressen
- 2 Sätze

novagenics

Synergistisches Muskeltraining
4 Trainingstage pro Woche, Programm A – Tag 1

Bankdrücken
• 4 Sätze

Schrägbankdrücken mit Kurzhanteln
• 2 Sätze

Stirndrücken
• 3 Sätze

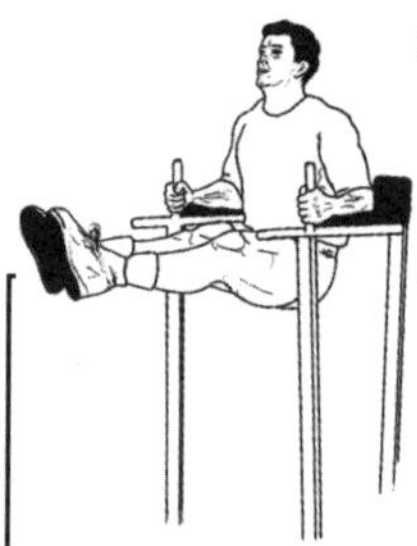

Beinheben

2 x SUPERSATZ

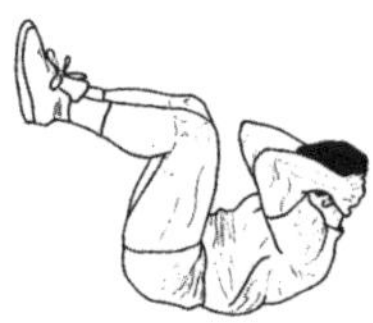

Bauchpressen

novagenics

Synergistisches Muskeltraining
4 Trainingstage pro Woche, Programm A – Tag 2

Kurzhantelcurl sitzend

2 x SUPERSATZ

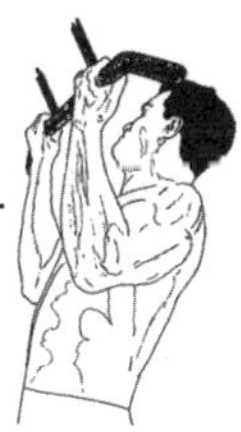

Klimmzug mit schulterweitem Untergriff

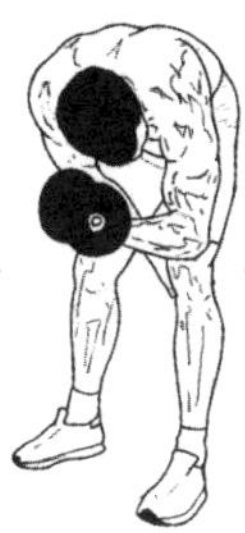

Konzentrationscurl stehend
- 2 Sätze

Rudern vorgebeugt
- 3 Sätze

Rudern aufrecht
- 3 Sätze

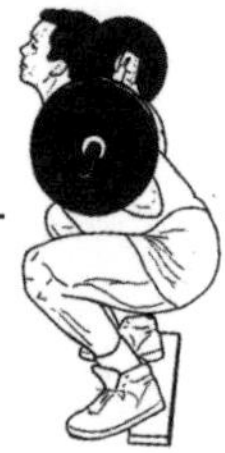

Kniebeuge
- 4 Sätze

Kreuzheben
- 3 Sätze

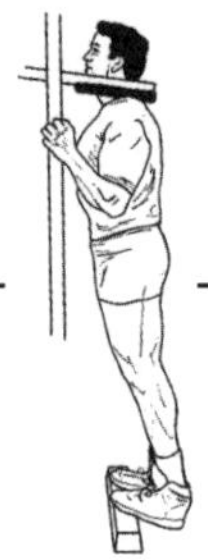

Wadenheben
- 2 Sätze

Eselreiten
- 2 Sätze

Beinheben

2 x SUPERSATZ

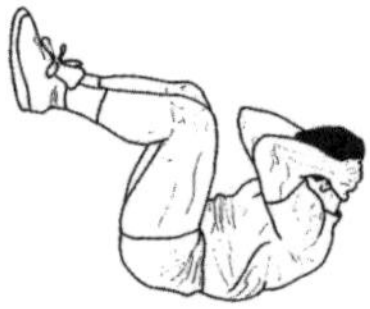

Bauchpressen

novagenics

Synergistisches Muskeltraining
4 Trainingstage pro Woche, Programm A – Tag 4

Schrägbankdrücken
• 3 Sätze

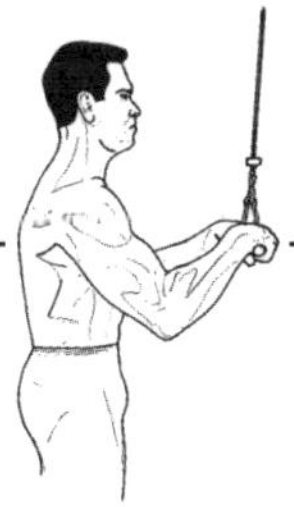

Trizepsdrücken am Kabel mit Obergriff
• 2 Sätze

Klimmzug mit Parallelgriff
• 2 Sätze

Langhantelcurl
• 2 Sätze

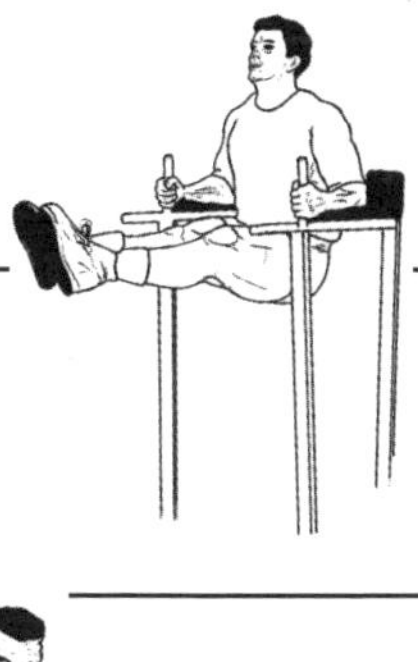

Beinheben
• 1 Sätze

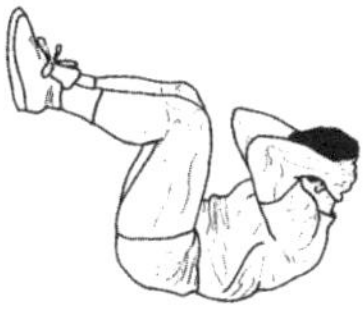

Bauchpressen
• 1 Sätze

Schrägbankdrücken
- 4 Sätze

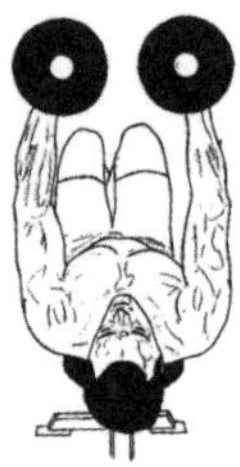

Fliegende Bewegung
- 2 Sätze

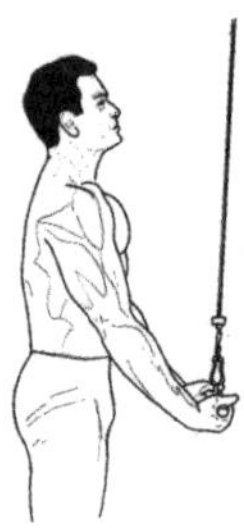

Trizepsdrücken am Kabel mit Untergriff
- 3 Sätze

Beinheben
- 2 Sätze

Bauchpressen
- 2 Sätze

novagenics

Synergistisches Muskeltraining
4 Trainingstage pro Woche, Programm B – Tag 2

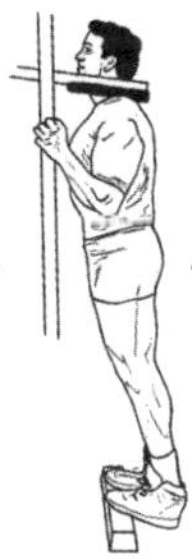

Kniebeuge
- 4 Sätze

Wadenheben
- 2 Sätze

Eselreiten
- 2 Sätze

Klimmzug mit Parallelgriff
- 2 Sätze

Langhantelcurl
- 2 Sätze

novagenics Synergistisches Muskeltraining
4 Trainingstage pro Woche, Programm B – Tag 3

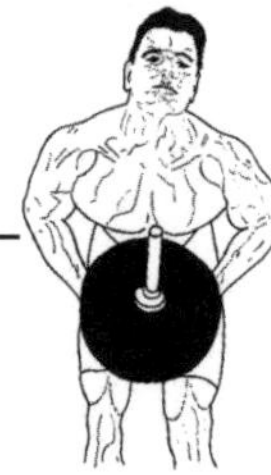

Rudern vorgebeugt
• 3 Sätze

Langhantelcurl
• 2 Sätze

Rudern aufrecht
• 3 Sätze

Beinheben
• 2 Sätze

Bauchpressen
• 2 Sätze

novagenics Synergistisches Muskeltraining
4 Trainingstage pro Woche, Programm B – Tag 4

Kreuzheben
• 3 Sätze

Bankdrücken
• 3 Sätze

Schrägbankdrücken mit Kurzhanteln
• 2 Sätze

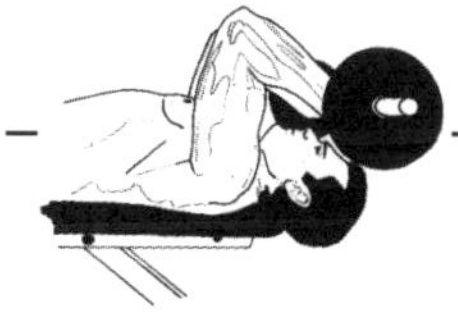

Stirndrücken
• 3 Sätze

Anhang B: Die Spezialprogramme

novagenics Synergistisches Muskeltraining

Spezialprogramm A für den Bizeps – 3 Trainingstage pro Woche – Tag 1

Kurzhantelcurl sitzend

2 x SUPERSATZ

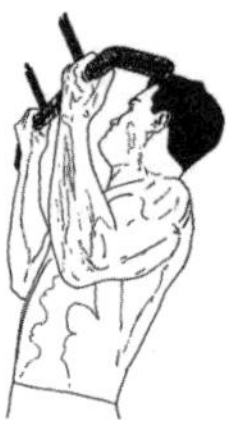

Klimmzug mit schulterweitem Untergriff

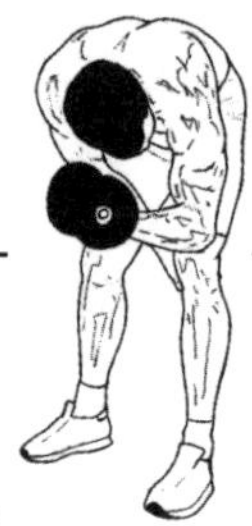

Konzentrationscurl stehend
• 2 Sätze

Bankdrücken
• 4 Sätze

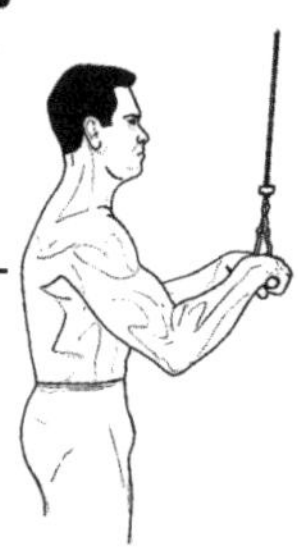

Trizepsdrücken am Kabel mit Obergriff
• 2 Sätze

Beinheben
• 2 Sätze

Bauchpressen
• 2 Sätze

novagenics Synergistisches Muskeltraining
Spezialprogramm A für den Bizeps – 3 Trainingstage pro Woche – Tag 2

Kniebeuge
- 4 Sätze

Kreuzheben
- 3 Sätze

Rudern vorgebeugt
- 3 Sätze

Rudern aufrecht
- 2 Sätze

novagenics Synergistisches Muskeltraining

Spezialprogramm A für den Bizeps – 3 Trainingstage pro Woche – Tag 3

Langhantelcurl
• 3 Sätze

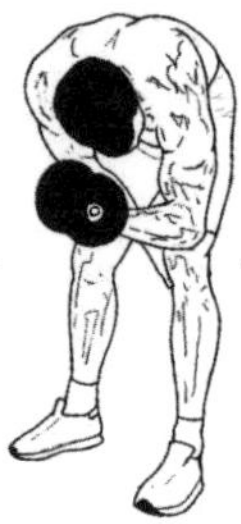

Konzentrationscurl stehend
• 2 Sätze

Rudern aufrecht
• 2 Sätze

Schrägbankdrücken
• 3 Sätze

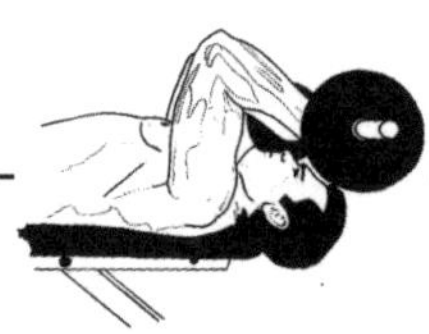

Stirndrücken
• 2 Sätze

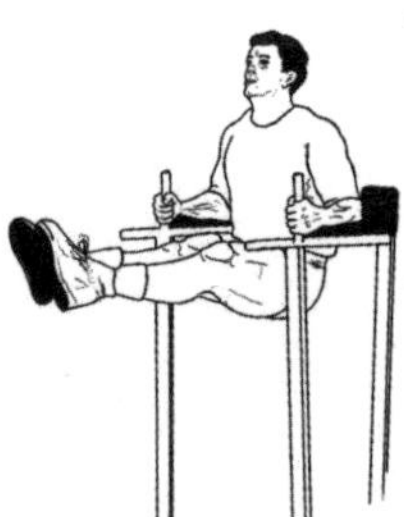

Beinheben
• 2 Sätze

Bauchpressen
• 2 Sätze

novagenics Synergistisches Muskeltraining

Spezialprogramm B für den Bizeps – 3 Trainingstage pro Woche – Tag 1

Kurzhantelcurl sitzend

2 x SUPERSATZ

Latziehen mit Parallelgriff

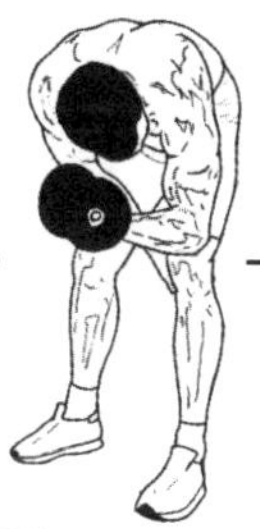

Konzentrationscurl stehend
- 2 Sätze

Schrägbankdrücken
- 2 Sätze

Trizepsdrücken über Kopf
- 2 Sätze

Beinheben
- 2 Sätze

Bauchpressen
- 2 Sätze

novagenics Synergistisches Muskeltraining

Spezialprogramm B für den Bizeps – 3 Trainingstage pro Woche – Tag 2

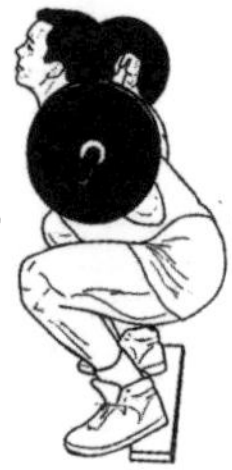

Kniebeuge
• 4 Sätze

Kreuzheben
• 3 Sätze

Rudern vorgebeugt
• 3 Sätze

Rudern aufrecht
• 2 Sätze

novagenics Synergistisches Muskeltraining

Spezialprogramm B für den Bizeps – 3 Trainingstage pro Woche – Tag 3

Langhantelcurl
• 2 Sätze

Klimmzug mit schulterweitem Untergriff
• 2 Sätze

Konzentrationscurl sitzend
• 2 Sätze

Bankdrücken
• 3 Sätze

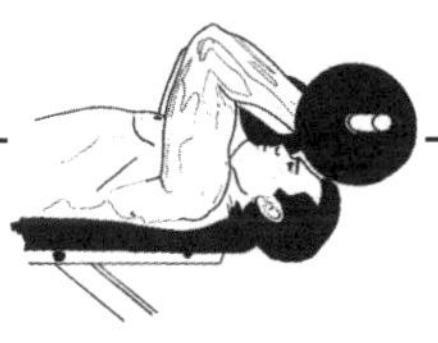

Stirndrücken
• 2 Sätze

Beinheben
• 2 Sätze

Bauchpressen
• 2 Sätze

Spezialprogramm A für den Trizeps – 3 Trainingstage pro Woche – Tag 1

Stirndrücken

2 x SUPERSATZ

Bankdrücken

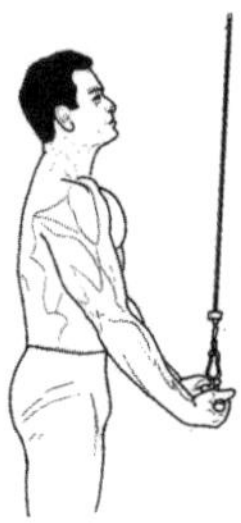

Trizepsdrücken am Kabel mit Untergriff
• 2 Sätze

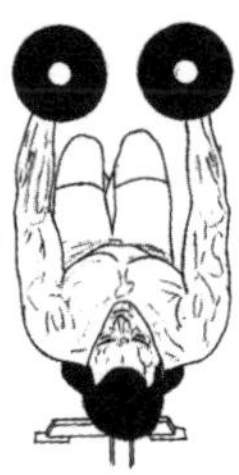

Fliegende Bewegung
• 2 Sätze

Langhantelcurl
• 3 Sätze

Beinheben
• 2 Sätze

Bauchpressen
• 2 Sätze

novagenics Synergistisches Muskeltraining

Spezialprogramm A für den Trizeps – 3 Trainingstage pro Woche – Tag 2

Kniebeuge
• 4 Sätze

Kreuzheben
• 3 Sätze

Rudern vorgebeugt
• 3 Sätze

Rudern aufrecht
• 2 Sätze

novagenics Synergistisches Muskeltraining

Spezialprogramm A für den Trizeps – 3 Trainingstage pro Woche – Tag 3

Schrägbankdrücken
- 3 Sätze

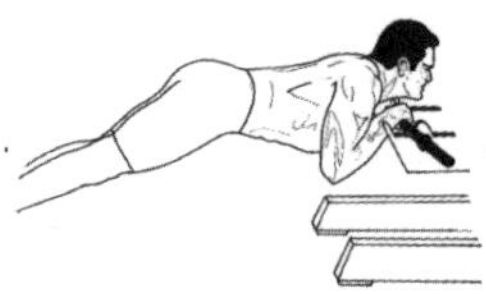

Liegestütz am Holm
- 2 Sätze

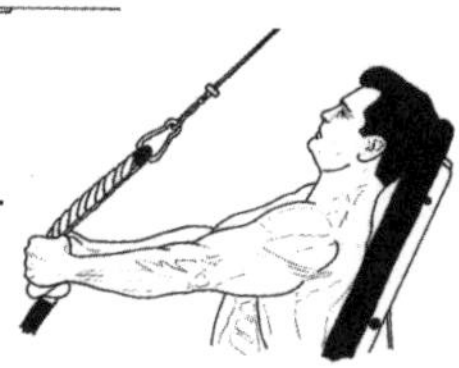

Trizepsdrücken am Seil
- 2 Sätze

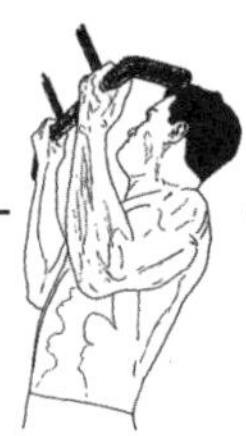

Klimmzug mit schulterweitem Untergriff
- 2 Sätze

Kurzhantelcurl sitzend
- 2 Sätze

Beinheben
- 2 Sätze

Bauchpressen
- 2 Sätze

novagenics Synergistisches Muskeltraining

Spezialprogramm B für den Trizeps – 3 Trainingstage pro Woche – Tag 1

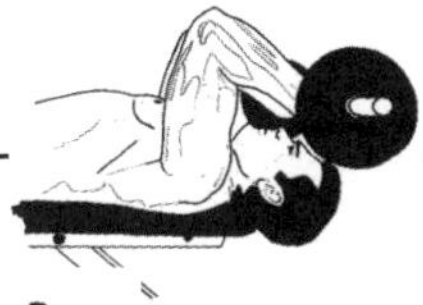

Stirndrücken

2 x SUPERSATZ

Nackendrücken

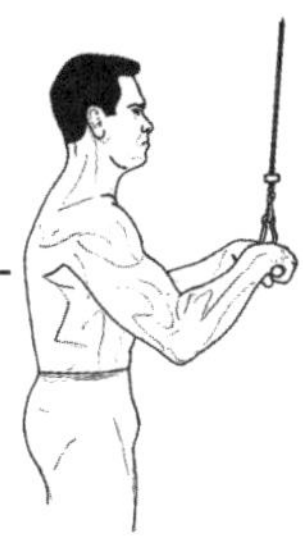

Trizepsdrücken am Kabel mit Obergriff
- 2 Sätze

Klimmzug zum Nacken
- 2 Sätze

Langhantelcurl
- 2 Sätze

Beinheben
- 2 Sätze

Bauchpressen
- 2 Sätze

novagenics Synergistisches Muskeltraining

Spezialprogramm B für den Trizeps – 3 Trainingstage pro Woche – Tag 2

Kniebeuge
• 4 Sätze

Kreuzheben
• 3 Sätze

Rudern vorgebeugt
• 3 Sätze

Rudern aufrecht
• 2 Sätze

novagenics Synergistisches Muskeltraining

Spezialprogramm B für den Trizeps – 3 Trainingstage pro Woche – Tag 3

Bankdrücken
- 4 Sätze

Schrägbankdrücken mit Kurzhanteln
- 2 Sätze

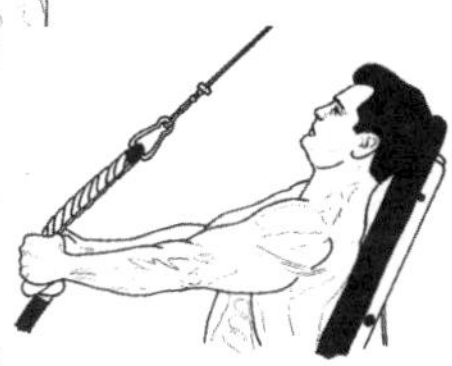

Trizepsdrücken am Seil
- 2 Sätze

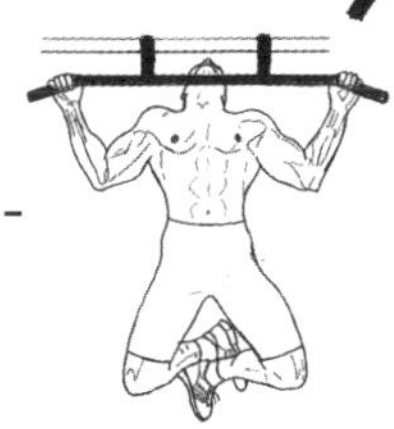

Klimmzug zur Brust
- 2 Sätze

Kurzhantelcurl sitzend
- 2 Sätze

Beinheben
- 2 Sätze

Bauchpressen
- 2 Sätze

Spezialprogramm A für die Schultern – 3 Trainingstage pro Woche – Tag 1

Military Press

2 x SUPERSATZ

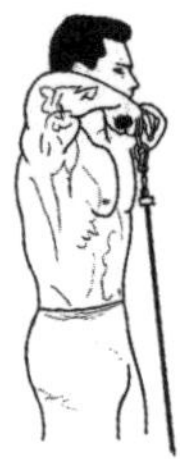

Rudern aufrecht am Kabel

Schulterdrücken
- 2 Sätze

Klimmzug mit Parallelgriff
- 2 Sätze

Langhantelcurl
- 2 Sätze

Beinheben
- 2 Sätze

Bauchpressen
- 2 Sätze

novagenics Synergistisches Muskeltraining

Spezialprogramm A für die Schultern – 3 Trainingstage pro Woche – Tag 2

Kniebeuge
- 4 Sätze

Kreuzheben
- 3 Sätze

Rudern vorgebeugt
- 3 Sätze

Latziehen zur Brust
- 2 Sätze

Spezialprogramm A für die Schultern – 3 Trainingstage pro Woche – Tag 3

Bankdrücken
- 4 Sätze

Nackendrücken
- 2 Sätze

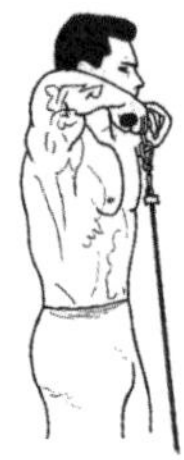

Rudern aufrecht am Kabel
- 2 Sätze

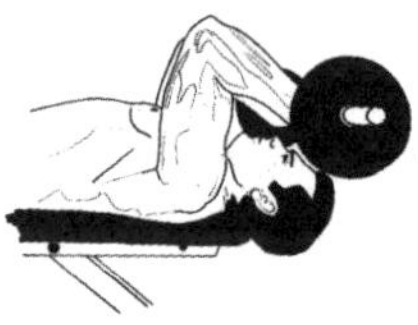

Stirndrücken
- 2 Sätze

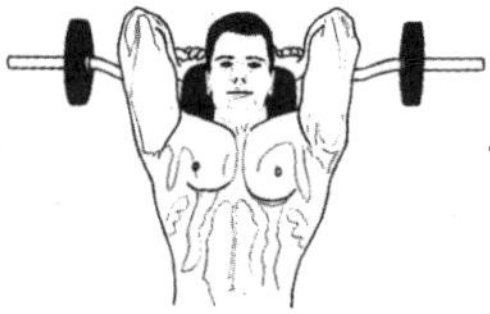

Trizepsdrücken über Kopf
- 2 Sätze

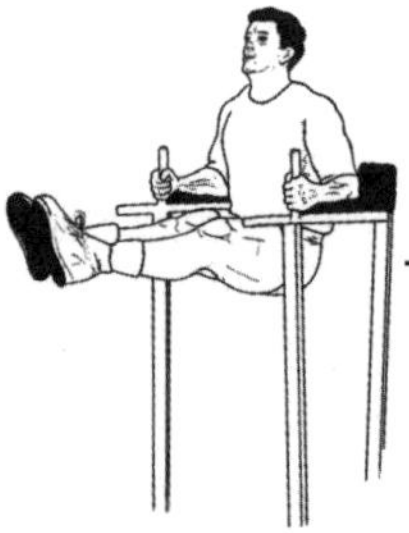

Beinheben
- 2 Sätze

Bauchpressen
- 2 Sätze

novagenics Synergistisches Muskeltraining

Spezialprogramm B für die Schultern – 3 Trainingstage pro Woche – Tag 1

Bankdrücken
- 4 Sätze

Rudern aufrecht
- 3 Sätze

Trizepsdrücken am Kabel mit Untergriff
- 2 Sätze

Langhantelcurl
- 2 Sätze

Beinheben
- 2 Sätze

Bauchpressen
- 2 Sätze

novagenics Synergistisches Muskeltraining

Spezialprogramm B für die Schultern – 3 Trainingstage pro Woche – Tag 2

Kniebeuge
• 4 Sätze

Kreuzheben
• 3 Sätze

Rudern vorgebeugt
• 3 Sätze

Latziehen zur Brust
• 2 Sätze

novagenics Synergistisches Muskeltraining

Spezialprogramm B für die Schultern – 3 Trainingstage pro Woche – Tag 3

Schrägbankdrücken
- 4 Sätze

Schulterdrücken
- 2 Sätze

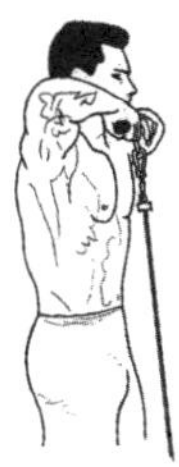

Rudern aufrecht am Kabel
- 2 Sätze

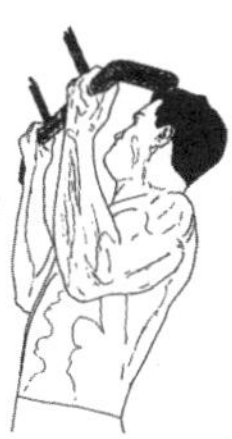

Klimmzug mit schulterweitem Untergriff
- 3 Sätze

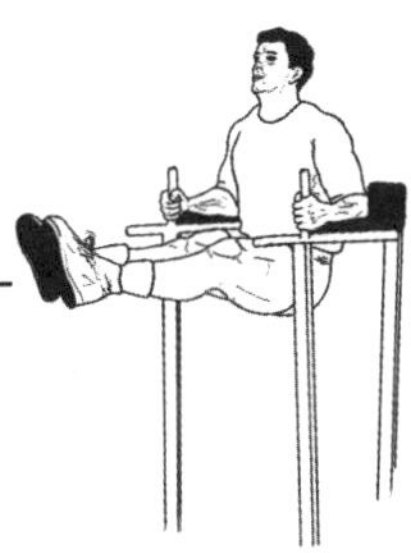

Beinheben
- 2 Sätze

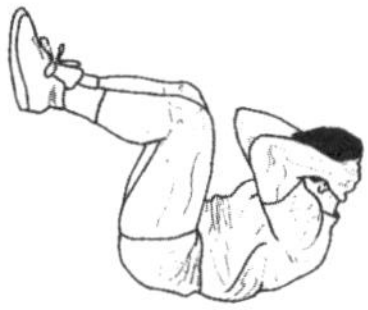

Bauchpressen
- 2 Sätze

novagenics Synergistisches Muskeltraining

Erholungsprogramm bei Übertraining – 3 Trainingstage pro Woche – Tag 1

Schrägbankdrücken mit Kurzhanteln
- 3 Sätze

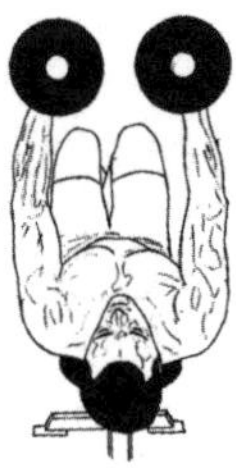

Fliegende Bewegung
- 2 Sätze

Rudern mit der Kurzhantel
- 2 Sätze

Kurzhantelcurl sitzend
- 2 Sätze

Bauchpressen
- 2 Sätze

novagenics Synergistisches Muskeltraining

Erholungsprogramm bei Übertraining – 3 Trainingstage pro Woche – Tag 2

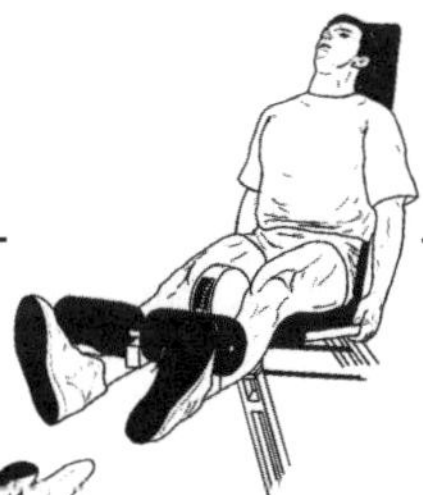

Beinstrecken
- 3 Sätze

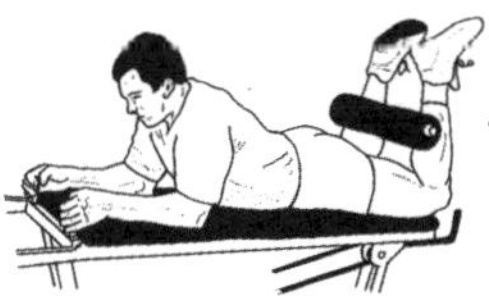

Beincurls
- 3 Sätze

Wadenheben
- 3 Sätze

novagenics Synergistisches Muskeltraining

Erholungsprogramm bei Übertraining – 3 Trainingstage pro Woche – Tag 3

Latziehen mit Parallelgriff
• 2 Sätze

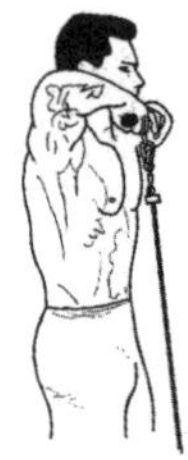

Rudern aufrecht am Kabel
• 2 Sätze

Trizepsdrücken über Kopf
• 2 Sätze

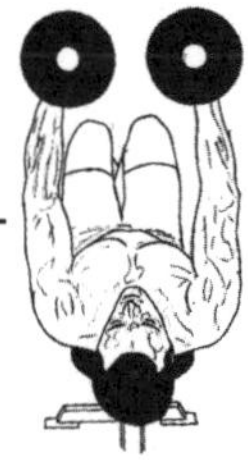

Fliegende Bewegung
• 2 Sätze

Kurzhantelcurl sitzend
• 2 Sätze

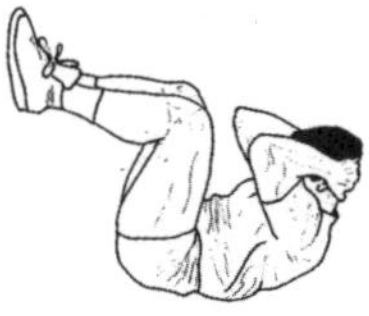

Bauchpressen
• 2 Sätze

novagenics.com
Fordern Sie unser Gratis-Infopaket an

Novagenics (gegründet 1988) verlegt und vertreibt Bücher über Training, Diät und Leistungsernährung, sowie ausgewählte Trainingsausrüstung und Sporternährung zu Discount-Preisen. Fordern Sie mit dieser Postkarte (das Porto übernehmen wir) das aktuelle Gratis-Infopaket an.

☐ **Ja, senden Sie mir umgehend das aktuelle Novagenics-Infopaket.**

Anforderung per Telefon unter +49 (0) 2932-28982, Fax 26362

Ihre Meinung ist sehr wichtig! Bitte helfen Sie uns, den Kundenservice weiter zu verbessern:

Kreuzen Sie einfach an, welche Noten auf der Skala von 1 (sehr gut) bis 6 (ungenügend) wir Ihrer Meinung nach verdient haben. Danke.

Welches Novagenics-Buch haben Sie gelesen?

Buch A ....

Buch B ....

Buch C ....

Wie hat es Ihnen gefallen?	**Wie war die sprachliche Qualität?**	**War es sein Geld wert?**
Buch A 1 2 3 4 5 6	Buch A 1 2 3 4 5 6	Buch A 1 2 3 4 5 6
Buch B 1 2 3 4 5 6	Buch B 1 2 3 4 5 6	Buch B 1 2 3 4 5 6
Buch C 1 2 3 4 5 6	Buch C 1 2 3 4 5 6	Buch C 1 2 3 4 5 6

Wie bewerten Sie die anderen Leistungen von Novagenics?

Ehrlichkeit (Stimmen unsere Aussagen in Anzeigen und Katalog?) 1 2 3 4 5 6	Erfüllt unsere Kundenbetreuung Ihre Erwartungen? (z.B. Freundlichkeit am Telefon) 1 2 3 4 5 6	Reaktionszeit (wurde Ihre Bestellung schnell zugesandt?) 1 2 3 4 5 6
Kulanz / Garantie (haben wir Ihre Beschwerden / Reklamationen richtig behandelt? Oder glauben Sie, daß wir Sie im Falle einer Reklamation voll zufriedenstellen würden?) 1 2 3 4 5 6	Waren die Versandkosten tragbar für Sie? 1 2 3 4 5 6	Wie bewerten Sie Novagenics im Vergleich zu anderen Sportverlagen? 1 2 3 4 5 6

Was können wir verbessern? ....

....

Was machen andere besser? ....

....

novagenics.com

Wenn Sie mehr über Novagenics und unsere Bücher zu den Themen Diät & Leistungsernährung, Nahrungsergänzungen & Supplements, Training für Bodybuilding & Fitness, sowie unser Angebot an Trainingsausrüstung und unseren Sporternährungs-Discount erfahren möchten, bestellen Sie unser aktuelles Gratis-Infopaket mit dieser Postkarte, oder rufen Sie einfach an unter +49 (0) 2932 - 28982. Sie können das kostenlose Infopaket auch per Fax ordern +49 (0) 2932 - 26362, per Brief (Novagenics • Postfach 1163 • 59701 Arnsberg, Deutschland), oder per E-Mail (info@novagenics.com).

Wir würden uns freuen, wenn Sie die kurzen Fragen auf dieser Postkarte ebenfalls beantworten würden. Ihre Meinung interessiert uns sehr; wir sind stets bemüht, unseren Service nach Ihren Wünschen zu gestalten. Dafür brauchen wir aber ein „Feedback" von unseren Kunden. Vielen Dank für Ihr Verständnis.

LUFTPOST
PAR AVION PRIORITAIRE

Hier bitte Ihre Adresse eintragen

Vorname

Nachname

Straße

Straße

Land PLZ Ort

Ort

Telefon-Nr. für eventuelle Rückfragen

NE PAS AFFRANCHIR
NICHT FREIMACHEN

RÉPONSE PAYÉE / WERBEANTWORT
ALLEMAGNE

Novagenics Verlag
Postfach 1163
59701 Arnsberg
ALLEMAGNE